全国小学生校园美文精品集萃丛书

七色阳光
小少年

飘着花香的微笑

《语文报》编写组 编

时代文艺出版社

图书在版编目（CIP）数据

飘着花香的微笑／《语文报》编写组编. —长春：时代文艺出版社，2018.8（2023.6重印）
（"七色阳光小少年"全国小学生校园美文精品集萃丛书）

ISBN 978-7-5387-5461-2

Ⅰ.①飘… Ⅱ.①语… Ⅲ.①作文－小学－选集Ⅳ.①H194.4

中国版本图书馆CIP数据核字（2018）第114666号

出 品 人　陈　琛
产品总监　郭力家
责任编辑　李荣釜
装帧设计　孙　利
排版制作　隋淑凤

飘着花香的微笑

《语文报》编写组　编

出版发行／时代文艺出版社
地址／长春市福祉大路5788号　龙腾国际大厦A座15层　邮编／130118
总编办／0431-81629751　发行部／0431-81629758
官方微博／weibo.com／tlapress
印刷／北京一鑫印务有限责任公司
开本／700mm×980mm　1／16　字数／153千字　印张／11
版次／2018年8月第1版　印次／2023年6月第5次印刷　定价／34.80元

图书如有印装错误　请寄回印厂调换

编 委 会

目 录

001

我被罚了一枝康乃馨

我和鱼儿有个约会

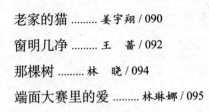

那年，那汤圆铺

那片山楂林

005

我的风景

　　我记得夏天梧桐树上聒噪的蝉鸣，我记得冬天鸭血粉丝汤店门前透过薄雾看到的熙熙攘攘的人群，我记得公交车上偶尔一抬头看见骑电瓶车送女儿去补习班的母亲，我还记得小时候用来够无花果的被剪开的塑料瓶。还有在尚未干的水泥地上留下的小脚印，以及透过梧桐树仰望的斑驳夕阳。

思　念

史珈祯

　　在岁月的无情追赶中，不知在何时，我已经遗失了快乐的美好。

　　太阳依旧早早升起，如同我的生活一般，早早地起床，早早地学习，仿佛学习才是我生活的全部。待在宽敞的教室里，听老师讲课本讲试卷，讲我们只要好好学习就会有个好未来。就这样，我的小学生活千篇一律地重复着。在无声无息地学习中，我早已把生活体会得淋漓尽致。

　　望向窗外一棵棵成荫的大树，我又想起儿时那美好的时光。它原本只属于我，像童话故事一样美妙，可现在，对于那些美好，我只剩下眷恋和怀念……

　　风，很轻；梦，却很沉。仿佛又回到了从前无忧无虑的日子，每天做着数不清的卷子，但生活却很充实。抱怨着老师的"无情无义"，开着老师体重的玩笑，一"窝"男生叫着说明天去捉蚂蚁、西瓜虫……

　　当回到原来同学的QQ群里时，老朋友互相倾诉着自己的怀念，有的人则兴奋地对我们说，他看见同学了，还有的说，他把我们曾经的经历写进了他的随笔里……当看着一句句熟悉的话语，一个个熟悉的名字，心中充满了温暖与感动。现在在学校里，笑得再开心，玩得再疯，却再也找不到从前的自在……

如果不能哭，就一直微笑吧；

如果能旅行，就一直流浪吧；

如果能唱歌，就一直轻和吧；

如果能原谅，就一直遗忘吧。

人生就像在离合悲欢中的一个动点，来回穿梭。虽然没有能力挽回时光，但我相信，我们都在用心出演自己人生的这幕话剧。

和弦很美，声音很轻，就这样，轻轻地把我的怀念唱给你听。

老 房 子

金 又

003

再次回到老家的旧房子。无言独立，轻抚粗糙的泥砌墙壁。这个承载许多回忆的地方，以静默的姿态，安详、宁静地矗立了许多年。

记得小时候，很是喜欢回老家。那里会有很多南方特色小吃，像米糕，表面多粉，入口微甜。像锅煎，一大块的，里面放着美味的馅，切割成长方形的形状，还有奶奶亲手弄的米花。

小孩子最是喜欢甜品了。玩累了，偷偷地潜进厨房，用玩耍后很脏的手，未洗净就抓住灶台上的甜品，径直放进嘴里。每次都会被奶奶发现。那是一个慈爱的老人家，温柔慈祥的眉眼，宁静的目光，饱含柔情。她拉着我的小脏手来到井边，用那清凉井水细致地洗净我的手，嗔怪地说道："不洗手就吃东西，肚子里会长虫虫，疼得你睡不着觉。糖吃多了，牙齿就会被虫虫咬掉，到时就像奶奶一样，没有了牙齿，成了一个小老人了。"

虽然很害怕，但即使被说上很多次，但还是未曾改过来。仿佛奶奶轻声劝说也成为溶入骨血的一部分，在身体里，在皮肤下绵延缱绻。慈祥的眼，粗糙但温柔的手。

奶奶的眼睛清亮，笑起来时，母性的光辉可以把一切黑暗丑恶的东西感化。做错了事，回过头，便是奶奶包容的微笑。在明媚的阳光下，或是在房间的阴影里，眼里所承载的，是一个世界。

我很小的时候，就离开了家乡，搬进了父亲在一座新城市里买的房子。房子变得明亮了许多，也不像老房子般狭窄，连生活用品都收拾得井井有条。总觉得，新房子比老房子少了一股味道。不可以乱蹦乱跳，因为楼下的房客会投诉我们。没有了青板路，取而代之的是长长的水泥楼梯；看不见木制的暗红色的大门，映入眼帘的是一扇扇冰冷的铁门；听不到熟悉的乡音，周围的人都在说着我听不懂的语言。

故地重游，依然满眼翠绿。长相奇怪的枝干向高、向南生长，庞硕的枝干挂着秋千。墨绿、浅绿、湖绿、沾绿交错相映。几个孩子在树荫下快乐地玩着玻璃球。都是熟悉的房子，熟悉的人，熟悉的树，周围充满了熟悉的味道，心一下子变得安定了。

记得书上说，一个人对故乡的感情不是浅淡地忆想梦吟，而是深沉浓烈的爱。

故乡所牵绊住的，是游子的心。

人与故乡的关系，是风筝与线。

异 中 秋

杜思园

又是一年中秋节。

坐在开往老家的车上，我揉了揉惺忪的眼睛，柔和的阳光洒下来，不远处正是我陌生又熟悉的房子。

好久没回来了。

我揉着眼睛，拎着包下了车。眼尖的奶奶一下子就看到了我们，像个小孩子一样跑过来抱住我。"又长高了嘛！"奶奶笑着说。现在的我已经比奶奶高出了半个头，看着渐渐矮下去的他们，心里苦涩涩的。

下午，独自一人坐在门口，阳光洒在身上，懒洋洋的，忍不住打了几个哈欠。

这时候，妈妈走了过来，没头没脑地说了一句："去后园抓一只鸡，晚上炖鸡汤。"我哭笑不得："我只会吃鸡，哪会抓鸡啊！""所以要尝试一下！"妈不由分说地推着我，见拗不过她，我只好戴上口罩、手套，撩起裤脚，足蹬一双胶鞋，全副武装完毕！妈妈忍俊不禁："你这搞得也太隆重了吧！""臭！"我皱着眉头进了鸡棚。

环顾四周，一只只肥硕的鸡若无闲事地吃着东西，把我当透明的一样。我盯上了一直肥得流油的老鸡，它正悠闲地散步。我小心翼翼地绕过别的鸡，往下一抓！它似乎早有防备，一下子就挣脱开来了，叫着跑走了。"吵死了！"我抱怨着。这时候，我飞快地跑过去抓住它的翅膀，没想到这只老肥鸡动作还挺利索，又一次逃脱了我的"魔爪"，我的手里只剩下几根鸡毛。这些鸡似乎才意识到来了个不速之客，于是一个个虎视眈眈地盯着我。

我休息了几分钟，趁那只鸡懈怠的时候，撒开腿冲向它，一直追着它跑。胖子的体力显然不如瘦子，这只老肥鸡没一会儿就跑不动了，步伐渐渐慢了下来。我抓准时机，以迅雷不及掩耳的速度扑了上去。它这次显然没有防备，只好束手就擒。我拖着它精疲力竭地走出了鸡棚，一副狼狈不堪的样子。

我 的 风 景

朱 辰

世界上美丽的风景有很多，壮丽的瀑布飞溅着璀璨的水花，浩瀚的海洋潜藏着无尽的奥秘，甚至平凡如潺潺的夏日清泉，温馨的秋日阳光，都一样是这大自然最好的馈赠。但在我心中，最美的风景就是与我朝夕相处的故乡——南京。

这是我出生的地方，我成长的地方，我热爱的地方。依恋也好，热爱也罢，这便是最好的诠释。

虽然街上的老房子已经变成钢筋水泥、高楼大厦，小时候照片中

的灿烂笑容也依稀泛黄，甚至街口早就没有了叫卖酒酿的小摊子。但是记忆中总有一些东西是不会变的，正如永远口口相传的亲切乡音，正如人们不变的热情善良。我所看到的，是我身边的每一个人都有一颗善良的心，他们或朴素，或高尚，他们身上的光辉，足以照亮整个城市。

这里的景色可能不如春风拂过泸沽湖，秋雨浸润九寨沟。可是那街道两旁郁郁葱葱的梧桐树，就是我心中最美的风景。这是属于我的风景，它永远存在于我心底，在记忆深处静静地停留着。多少年后，可能我忘记了我的小学同桌姓什么，忘记了我曾经朝夕相处的伙伴的笑容，可是我永远也不会忘记这里矗立着的梧桐树，还有透过它投射下的星星点点的阳光。

这里的空气的确不是很清新，可是每当我从外地回到南京，我都能清楚而愉悦地意识到，我所呼吸的，就是我从小到大一直呼吸的空气；而我的脚下，就是我从小到大一直热爱的土地。

我悉心地收藏着每一个有关这座城市的记忆。我记得夏天梧桐树上聒噪的蝉鸣，我记得冬天鸭血粉丝汤店门前透过薄雾看到的熙熙攘攘的人群，我记得公交车上偶尔一抬头看见骑电瓶车送女儿去补习班的母亲，我还记得小时候用来够无花果的被剪开的塑料瓶。还有在尚未干的水泥地上留下的小脚印，以及透过梧桐树仰望的斑驳夕阳。

这些美丽的风景拼凑起来，便是我眼前的这座城市，南京。

每当念及这个美丽的名字，那些记忆中的风景就仿若尽在眼前，不论怎样的心情，嘴角都会扬起微笑。

感受生活，珍惜美

周贞贞

　　下午四五点钟的阳光，褪去了中午时分的灼热，添了几分夜的柔情。白得刺眼的天，此时也微微泛着蓝，飘着丝丝缕缕的云。天空下，是一张张快乐的脸。

　　放假的前一天是星期三，最后一节课是综合实践课。在做完功课后，终于有了一片小小的属于自己的四十五分钟。篮球场上，挥洒的是我们青春的美。阴凉下的长椅上，我和朝夕相处的朋友满嘴黑边地啃着可爱多，欣赏这从来不被注意的美。

　　再过两年，如果还能有幸坐在这里，也许那时的伤感会淹没此时的惆怅。因为那时，物是，人非。

　　望着眼前，我不禁想象，也许两年后，在不同的学校，不同的班级，是否会有不同的人，说着曾经说过的话？曾经的"好哥们"也许在踏入新的校门的那一刻，相互忘记了。偶尔想起来伤感一下，也许就是能做到的全部了。是啊，我们还能做什么？我们每个人都是彼此之间的过客，留在彼此心中的痕迹就像沙子中的一道，无论多深，叫作"时间"的风都会将她抹开。

　　生活总是千变万化，这样的美时刻都存在，可只有今天才是唯一的。它不是电影，随随便便按个返回都可以重来。感受生活吧，它的

美是独一无二的。珍惜它的美，因为没有什么可以让它再来一遍。

生活不会因为人们的喜怒哀乐而停下它的脚步，时间也是。我们改变不了生活，那就改变对生活的态度。身边有太多不被注意的丝丝缕缕的美，感受生活，珍惜美！

裂　　缝

卢雨晴

墙上有一道裂缝。

不深不浅，它蜿蜒，像是一条曲折的路，通向一个未知的世界。我笑了，那一定是一种可爱的生物开辟的一条路吧，通向了他们那个神奇的世界。

过了几天，我闲来无事，来看看那些生物的成果。我惊讶了，那小小的裂缝变得很深，墙面支离破碎，还落下了几片白色的石灰，露出了灰色的墙面，我抚摸着那深深的"伤口"，思考了很久。

只要有力量，哪怕是一条裂缝，也有能够让墙面碎裂的能力。

在非洲的大沙漠中，有一条裂缝，它把整个沙漠划成了东西两段。人们赞叹大自然的神奇，它的宏伟和壮观让无数人叹为观止。

那来自地心的力量，让它碎裂，让它挣脱。

终于有一天，它碎裂了，海水开始蔓延，浪花在翻腾。整个非洲大陆在发烫、发热，那来自世界深处的力量在释放。那条裂缝变得很宽，海水便将两块陆地越分越远。那海水从地球的某个角落出发，将两块陆地隔断了。

沙漠中的一条裂缝，终会被海水淹没，而一片海的新生，却是另一片海的消亡。

这一切的一切，都是因为，裂缝。

寻找月亮

汪 晟

中秋节到了，新闻上说这次中秋节能看见"十五的月亮十五圆"的景象，下次要看还得等八九年。不看太可惜了，我和爸妈就下楼赏月。

月在何处？我抬头望望天，只看到了被各种射灯照得灰蒙蒙的天空和楼房。我觉得很奇怪。月儿躲到云里去了？今天是个大晴天啊，哪来的云。我回想起在六合生活时望月的情景。我和我的小伙伴们坐在土地上。月在何处？抬头便是。银色的月光洒在土地上，洒在我们的笑脸上。

今天就不一样了，我们好不容易在过马路时看见了月亮，可是到了马路的另一边，月亮又躲在了中海塞纳丽舍的楼群之后了。我们往前走啊，走啊。高楼一栋接着一栋，最后月亮还是躲在了河西CBD的背后。我们爬上了市政服务中心的广场，终于在两栋高楼的夹缝中看到了圆圆的月亮。月光却不再是那么的明亮，在五颜六色的灯光下，它显得那么暗淡，单调。

昔日明亮的月亮哪儿去了？月亮没变，环境却变了。

我感觉我离大自然是那么遥远。

在那最遥远的地方

谭　睿

落叶纷纷，秋高气爽。寒风阵阵扫过大地，天空苍蓝，我在秋天里遥望着——生命是那最遥远的地方。

金黄大地，飞沙曼舞。阳光阵阵照耀沙地，热风阵阵，我在沙漠里遥望着——水源是那最遥远的地方。

白雪皑皑，冰封世界。被寒冰冻住了一切，寒冷刺骨，我在极地中遥望着——阳光是那最遥远的地方。

富饶之地，黄金之国。人与人之间有了隔阂，为钱厮杀，我在城市里遥望着——理解是那最遥远的地方。

人进入社会后，随着成就越大，就会越走越远。为了探求生活的幸福，就会向那最遥远的地方迈进。可是蓦然回首，发现自己生活得如此悲催，自己已逐渐沦为庸俗。这时你才发现你的起点才是你梦寐以求的地方。趁自己还没走多远，赶快回头吧，找寻自己最初的美好。

然而不幸的是，许多人却已完全被困在了某个地方，在那个世界上最寒冷，最无情的地方，在这个世界上最遥远的地方。

疯狂的同学们

姚逸凡

就因为我报了美食班，所以周五下午才会发生那种事。

周五下午，我捧着在美食班做出来的水果拼盘回教室，心里正想：这一大盘吃的，班上人肯定会羡慕我的，我要给他们分一点儿。于是，我乐滋滋地走进了教室。

可是事情没有我想象的那样顺利。

我发现我的同学们都是有经验的"吃货"！

刚进教室，几个眼尖的女生就发现了我的美食，不问是什么，就如饿狼般扑向我。我一惊，看着这一小股人浪，吓得直往回跑。也许是不想让水果撒掉，我跑得比较慢，结果就被她们抓住了。她们的手齐刷刷地抓向我的食物。"你们先洗手再吃啊，弄脏了怎么吃啊！"看她们不肯罢休的样子，我使劲儿一挣，盘子绕过她们的手，跑出了圈子。

"大事不妙！"我叫道。

更多的人上完选修课回来了，把我前面的路堵住了，我左边是讲台，右边是墙壁，后边是人群，真是进退两难。

我晕！听天由命吧！

我使出了"凌波微步"，左一跨，右一跳，前一进，后一躲，但始终把手保持平衡。

"哎呀！"踩到一个人脚了，我失去平衡，撞到了墙上。幸好我手中的水果没事，可我有事了！他们都包围上来，迅速抓起一把食物就往嘴里塞，一把不够，来第二把，第三把。我只能眼睁睁地看着水果一点点消失。"你们也给我留一点儿啊！"我喊道，可他们哪里肯听！

一盘水果在不到一分钟的时间内就被抢完了，只有几片香蕉孤零零地躺在那儿。我叹了一口气，把剩下的一点儿残片扔掉了。

唉！这些疯狂的同学们。

难忘的一天

徐一鸣

013

昨天，学校组织春游，可是我的心情很复杂。

清晨，我早早来到学校，心情还是很激动的。走进教室后，放眼望去，同学们都拿着各式各样的手机、苹果播放器、游戏机等，玩得起劲儿……教室里静悄悄的，目测有百分之八十的同学在玩手机、平板电脑或是听歌。看到这一幕，我回到座位上用手里的照相机把它记录了下来，心里有一种说不出的滋味。

在座位上呆坐了半个小时后，老师终于宣布整队上操场集合。我想也许马上就可以向汤山进发了吧，可事实并非我所想的那样，又是漫长地等待……

一个小时后，终于上了车，我一屁股坐到座位上，呼出一口气，靠在座椅上，用心想着汤山的样子，我们植树的样子……下车后，我看了一下表，大概是十点三十分。二十分钟后，我们来到植树的地方，人很多，全都挤到一个小丘陵上。我们手握着树苗，挥舞着铁锹，往坑里填土，大家脸上都洋溢着笑容，我也是如此，因为这是我生平第一次植树，希望那些小树能苗壮生长。

一个上午很快过去了，我们选择了一处满意的地方进餐，大家各自拿出自己带的食物彼此分享着，很和谐，也很愉快。

简单吃完饭后，我们又接着向集合地点出发。集合地很远，只能步行，虽然很累，不过倒是比坐车有趣多了，我们相互开着玩笑，嬉戏着，每个人很快乐。

这次的春游没有太大的感想，大多数时间都是等待，去的地方也不是很有趣，我只是希望不要让电子产品代替了朋友，代替了友谊，霸占了那些美好时光。无论春游去哪儿，好不好玩儿，只要有了朋友的陪伴，有了那爽朗的笑声，那我们的生活将会多么快乐，那将会是一段多么美好的回忆啊。

014

十一游记

陈　琳

伴着游客们的阵阵尖叫，观光缆车翻山越海，终于把兴致高涨的一大群男女老少送上了神秘的南湾猴岛。

岛上依然是一派海南岛独有的热带风光。榕树盘根错节，大片大片的深绿在热带清晨的雾气中弥漫着，各种生命在哗哗地萌发。远处的山谷在密林中静静地蹲伏着，高大挺拔的丛丛椰林散落在低矮的灌木丛中，让人深深地透了一口气。到处都是小猕猴，树上、路边随处可见。一群群身材瘦小的猕猴，大摇大摆地在石板路上走，旁若无人地翘起鲜红的臀部。看到一队队旅游团来了，张着警惕微红的玻璃眼时不时观察游人，咻溜溜爬上树去了。

　　从未与猴子如此近距离接触，导游早已交代过，不要在猴岛上吃东西、喝饮料，猴子会来抢，有红色包装纸的矿泉水瓶也不能捏在手里。

　　猴子表演精彩上演着，骑自行车、骑马、走钢丝，音乐锣鼓震天，全场座无虚席，后面过道上也是人头攒动。抬头四处瞧去，一只大猕猴藏身在塑料顶棚的屋檐上，紧紧注视着观众们。欢呼的人肆意地欢笑着，全然忘了这里可是猕猴的家。

　　热带丛林娃娃脸，说变脸就变脸，一会儿下起了阵雨，潮湿闷热的雨水浸湿了雪纺衫的裙摆，潮腻腻地黏着背包，还是下山去吧。石板铺的山路滑滑的，人群缓缓地走，但小朋友们还是一蹦一跳，东瞅瞅、西瞧瞧，还没看够呢。小猴子们在微雨中越发精神了，时不时停下来睁大警惕的眼睛盯着行人。

　　耳边"嗖"的一声，一个黑影闪过，"猴子爬到他背上去了！"人群中有人惊呼。转过身来几秒钟的时间，一只棕灰色的半大猕猴，如荡秋千般迅速在某游客的双肩包侧取走一瓶绿色包装的纯净水，再往里掏，一包湿纸巾被扔地上了，我还来不及惊讶，一切已然接近尾声。

　　"不要打开皮包！"边上的导游急喊，皮包的搭扣刚刚打开，已被厉声喝停，我下意识地把另一瓶纯净水藏好。

　　一切又恢复了秩序，猕猴们挂着长长的手臂，依然悠闲自得地在林荫覆盖的路边喧闹着。寂静的热带雨林的山谷中，一切按照自然的规律花开花落、繁衍生息。

人群中叽里呱啦谈论起刚才发生的事，阳光透过雨后的椰林，斑驳的光影拂过面庞。

夕 阳

傅 雨

傍晚，悬在空中的太阳终于失去了光泽，趴在地平线上，顽皮地蹬着脚，变成了橘红色。

月亮已经将自己置于太阳之上了，但依然如水般恬静地笑着，若隐若现地注视着太阳。太阳像个慈祥的爷爷似的，散发着温暖而又甜美的气息，小心翼翼地渲染着天空和白云。在他周围的一切都变得温馨了，柔和了，彩虹模样地笑着，闹着，好像怕波及了其他的事物，一切都默默地。他们的欢乐似乎在膨胀着，好像每一株草，每一棵树都散发着夕阳般甜蜜的味道。

太阳鼓胀的童心全都喷洒出去了，广场上的孩子在闹，家长在笑。阳光上演着优美而华丽的圆舞曲，怡人地转了一圈又一圈，比绅士们还激情，比女士们还欢畅。他好像有点儿吃不消了，停止了旋转，天又暗下去了一点儿，但这场舞会，不但没停止，反而更艳丽了，更兴奋了，将地平线笼罩了起来。山儿，树儿，花儿，草儿，连楼房的轮廓都金灿灿的，好像是有谁给他们盖上了一层灿烂的、金黄的鸭绒被一样。

终于，太阳累了，窝到了地平线的另一边。天顿时暗了，广场中的阳光也随之而去了。云朵儿听蓝天说："再见，我也要和太阳去另一边了。"云朵儿们急了，拉着太阳不肯放手："再玩一会儿嘛，再玩一会儿嘛！"就像孩子般撒着娇，谁知自己也被拉过去了。"明天，你还会来吗？""会，当然会！""那你什么时候来呢？"孩子跑到了前方，又继续跑。"等你追上我了，就能和我在一起了。"孩子信以为真，就拼命跑，最后也消失在视线中。

天空中，只剩下了一轮弯月，依然如水般恬静地笑着，只不过，更加皎洁，更加明亮了。

乌　云

姜　瑞

一天，一片乌云撞上了一群白云。

白云们看见乌云黑黝黝的模样，就对他说："你这么黑，不要沾染上我们这些洁白的云朵，快离我们远一点儿。"

乌云听罢，灰溜溜地逃走了。它躲在一片荒无人烟的沙漠上空，心里满是白云们的嘲笑和讥讽，"我就是那么没用，那么不招人喜欢吗？"想着想着，乌云大哭起来。顿时电闪雷鸣，倾盆大雨，干旱的沙漠便成了一片绿洲。可这美好的景色丝毫没有引起它的注意，百草依偎在一起让它感到更加孤独、伤心。

它哭得更厉害了，不知不觉，它来到了一座村庄。这里的房屋简陋，满地的粮食全都枯萎了。它的眼泪滋润了万物，正在发愁的农民们一听说下雨了，欢天喜地跑出屋子感谢乌云。乌云低下头，看见满地的人们都兴高采烈，相互庆贺，心中乐开了花，比吃了蜜糖还甜，这也许是它一生中第一次受到别人的赞扬。

这时，白云们飞了过来，簇拥着乌云，说："我们不应该排斥你，你为人们造福，我们把你当作榜样还来不及呢！我们可以做朋友吗？"

乌云笑着点了点头，说："当然，一点儿小事何足挂齿。"

从此以后，乌云和白云都用自己的可用之处为百姓们造福。

我被植树的经历

018

姚 夏

我是一棵树。

我是一棵长得并不茂盛的树，只有几棵枝丫，那零星的根盘在树干下，纤细的腰杆托出我的脆弱。3月8日，我与跟我长得差不多的同伴被运上了一座荒凉的土丘，更准确地说是一座黄土坡。

风好大，很多同伴都被吹滚了起来。我们居高临下，望着一群欢声笑语的中学生，他们兴高采烈，拿着铲子一步步向我们爬过来。

我看到我的同伴们一个个被拿走，这时，一个长得瘦瘦高高的男孩儿选走了我，把我带到一个坑前。他的旁边还有两个男生：一个是

比较矮的小帅哥，另一个是一个身体壮实的男孩儿。他们抡起铁锹，卖力地击打着我身边坚硬的土块。我亲眼看见，那个瘦高男生手被扎破了，鲜血滴在我的身上，染红了我的根茎。

黄土坡上，到处都是像他们三个一样的身影。一棵棵树苗的种下，意味着一个个新生命的开始。寸草不生的黄土地，已矗立着许多鲜活的生命。待到明年的今天，这儿可能是另一番生机勃勃的景象。

学生们走了，我望向远方，思考着未来……

落　　叶

史珈祯

初秋的阳光暖暖的，从林间缝隙照了进来。这金黄色的缕带，多像生命的希望！树上的黄叶也贪婪地享受着太阳的恩惠。这也许是它们最后一次这样舒适、安详地晒太阳了吧。

初秋的风也暖暖的，也许是不希望它们离开得很痛苦吧。树叶摇摇欲坠，只有一根细细的茎连接着叶和树枝。叶子不敢松，也不肯松，因为多在树上停留一会儿，它生存的时间就长一些！它不想放弃生的希望！但它终究还是要离开的，生命之轮仍在转动。风催促了它一下，它点了点头，在和大树短暂的告别之后，落叶依依不舍地踏上了不归路。

落叶有些留恋，但总会离开。它想着平日里的点点滴滴，带着三季的回忆，启程了。又是一帘幽梦——落下了。

叶子慢慢地下落，慢慢地，缓缓地，不停地打着旋。它有些不甘，有些遗憾。为什么它要在这灿烂的时光中落下，在不舍的回念中死去……它把它的不满都倒了出来。但没有人能回答它。又是一阵暖风，叶子下坠的速度加快了，落叶上下翻飞着，舞蹈着，好像在演绎着一幕没有观众的话剧，一部属于它自己的话剧——它的一生。

还有十秒，叶儿将永远离开。

第十秒，它想到了它刚刚从枝干中冒出来的欣喜。

第九秒，它想起了同伴的微笑。

第八秒，它想起了自己凝结出果实的自豪。

……

第二秒，它想起了大家对自己的关爱。

最后一秒，它发现自己其实是幸福的，有那么多人爱着它，关心着它。

在最后一刻，这片落叶学会了放下，发现了生命中的美好。这片落叶带着美好的回忆，在生命之河中隽永。

020

生命之轮，永不停息。人生也是如此，在不断地放下中，才能发现生命的美好。

海棠花开

聂　雪

马上又到4月了，海棠花又要绽放。现在的海棠树已在努力地结着花苞，向着盛春的末尾努力着。

想当年，在盛春的尾巴，十里樱花堤已化成片雪纷飞，化作一场春梦无痕，又是一场繁华落下。

当众人已认为春已过，蠢蠢欲动的心渐渐平静下来时，她又带着一抹惊艳出现在人们面前。此时，绿荫林中只能看见那一簇簇鲜的花，那红，那粉，那白，是多么耀眼！在盛春的尾巴，多了那抹醒人的艳，时常给人以温暖。

我走进那片错落有致的海棠树林，想细细感受海棠的魅力，却发现在这片白、粉的海棠花中，却没有她的香气，有的只是她那犹如裙摆般的花片，只是那浅红色的暖。

我想了很久，想到张爱玲曾说过"人生有三恨，一恨海棠无香，二恨鲥鱼多刺，三恨红楼梦未完"。

海棠是一种温和而美丽的花，她代表着呵护、慈悲。花未开放时，花苞深红点点；初开时，花色淡红一片；将谢时，犹如隔宿粉妆。也许张爱玲认为海棠虽美，但无迷人的芳香。

021

也许海棠有着淡淡的香味，隐在风中，犹如隐于尘世中的人，看破了红尘。红尘中的我们也许都太在意她外表的华丽，我终于知道她代表着慈悲了。

因为懂得，所以慈悲。

起因是这样的

孟繁华

晚上回到家已经不早了，但是心情就像天气一样莫名地变得失落。习惯性地打开电脑，却再也不晓得干什么，点了一首音乐后索性连鼠标也不想动了。

起因好像是这样的，当时我把手机放在旁边，我在等待一条消息，那时候我并不知道在等谁发来的消息，或者根本就没有这个人，手机响了，打开一看，不是我等的人的，希望落空。过了一会儿，它又响了，急急忙忙打开，仍然不是。一次一次，失去耐心，期望带来失望。可是，我还在等待。恍惚间好像有一个声音，答应我有空儿会来陪我。

是啊，我知道原本起因是这样的了，我上网的目的也是为了等待，我对一个人说我不想在线，我怕那些不是我所期待的人把我带向失望。她说我何必如此呢，但事实证明，在线的结果就是再次走向失落。大概是秋天的缘故，既然今天我注定心情不好，那就不好下去，看看低落到哪里才是个底。说来也奇怪，刚才到现在一首英文歌也没有听进去，因为内心很平静，没有平时那么浮躁了。于是我开始听中文歌，叫作《我很快乐》，为什么要听这首歌呢？

起因又是这样的，今天中午和同学走了走，记忆里中午总会是学校最热闹的时候，同学三五成群去吃饭，之后比较活跃的男生会聚在小卖部旁嬉闹，女生则三三两两漫无目的地在校园里谈笑风生，他们毋庸置疑给校园平添了几分青春的色彩。当时，一个可爱的学妹映入我的眼帘，我在意的不是她的容貌而是她的影子。嗯，不仅是她，还有更多的人，每一个影子好像在我的脑海里都有对应的人，因为他们有太多的相似。可惜的是年年岁岁花相似，岁岁年年人不同。经过她的时候，发现她在低声哼唱着一首歌，叫作《我很快乐》。在这个校园里，每个人都有知己，都有同舟共雨的同行者，光是这些就足够让人羡慕的了。但是我明白，一旦长大，这种快乐就可能不复存在。

为什么感叹这么多，真正的起因只是为了等待一条信息。或者说，是等待一种感觉。记得很久以前，我也是抱着这样的心情傻傻地等待着一个人的信息。没错，我想念这种感觉了。

而现在，再也不会有起因了。因为我没有心情再写了，有句话说得很有道理，每一个日志和状态的背后都有一个特定的读者，虽然我知道你不会看，即使看了你也不会知道你就是"你"。

好了，我还是消失一段时间吧。

睡觉了，晚安。

最美好的时光

王　昱

一缕阳光透过车窗洒在我们身上，有一丝刺眼，我拉上了窗帘，戴上耳机，听着音乐，闭目养神。我们正在去将军山秋游的路上。

到了，我们一个个有序地下了车。一下车，我们小组就脱了校服，露出我们和谐友爱的组服，老师说过集合时间后便解散了。

我们顺着路走着，沿途看看风景，聊聊天，吃吃东西，拍拍照片。过了一会儿，我们看到了一个划竹筏的地方。我们考虑了一下，决定吃完饭再来划。

我们继续向前走，路过了一个小竹林，又往前走了一会儿，就看到有一大片草坪，我们便过去铺好桌布开始午餐。不远处，男生们在那里打篮球，一个个朝气蓬勃。

吃完饭后，我们与男生们相约一起去划竹筏。

我们男生和女生平均分在每一个竹筏上，男生们努力向前划着，女生们坐在椅子上与他们谈笑着，时不时还与相遇的船打打水仗。若女生们被溅水了，就嬉笑着说男生笨，从他们手里抢走篙，自己向前划……

024

时光飞逝，小学生活也已过去一大半了，我们共处的时光也只有一年多了，而这些点点滴滴都会成为我最美好的时光。

时光不老，我们不散。

爆米花开

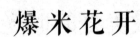

张远帆

"你害怕吗？"我轻轻地问道，声音发颤。我和众多玉米粒一同被推进那大张的黑黝黝的"嘴巴"。阳光在"嘴巴"闭合的缝隙中溜走，它不愿在这儿煎熬。我的心跳随着温度的升高而加快。忽然这不知名的器皿飞速旋转开来，我也吓得大叫起来。周围的玉米粒或狂呼或大哭，我也吓得几乎哭出来，可温度的升高使我体表的水分被瞬间蒸干，我看到自己金黄色的皮肤在开裂。我讨厌这个可怕的地方，我痛恨这个可怕的地方。撕裂般的痛楚和干渴的喉咙让我无力喊叫。我听到柴薪兴奋地呼号，外面噼里啪啦的声音在我耳中交织成死亡的交响曲。什么时候此曲终了？那时，我是不是就要炸裂了？

正当我绝望之际，耳边"轰"的一声炸响如惊雷，五脏六腑仿佛都震碎。这回真的要完了，我的身体被强大的气流拉扯着，我瞬间感到阳光都如此可怕，仿佛在炙烤着我。

忽然，一阵乳香钻入鼻孔，我浑身一震，犹犹豫豫地睁开一只眼睛，再睁一只眼。不可思议，我看着自己肥肥胖胖、冒着乳香和热气的身体，心又开始狂跳，仿佛新生一样。我以另一个姿态活着，虽没了金色的衣裳，却有了一层乳白色的薄纱，透着自然和美好的香气。

025

这时我才意识到：原来，那黑色的器皿是我新生的传送机；原来，柴薪的尖叫不是幸灾乐祸，而是给我的支持和鼓励；原来，那痛苦的过程不是可怕的折磨，而是对新生的热情与期待。

爆米花开，经历的是痛苦，收获的是新生，艳红的火苗不可怕，那是成功彼岸的烟花，那乳香浸透了年华。

爆米花开是新生，是历练，并不可怕。

游戏与心情

一　凡

不知怎的，每次玩游戏后都会很后悔。

每个星期五的到来，我真的不知道是期待还是排斥。不愿放假的原因千奇百怪，今天姑且也算一个吧。施广伟已经离我们而去了，陈伟豪、高昂、盛欣毅这三个家伙每个星期一都怂恿我玩电脑。到了周末，好了，脸一横，一甩手，"潇洒"地说："你水平太差，自己练练再说吧！"这就让我气得要命。

回到家里，他们又突然发QQ说带我一起，又说什么五缺一，三打三啥的救个场，跟打麻将没啥两样。我最后总是"潇洒"一句"电脑卡，不来了"，然后拖他们后腿，自己偷着乐。

我妈说她看到有人QQ上说："突然觉得玩游戏好无聊啊！"我深有同感，可不，游戏玩完了，后面干什么？你得到了什么？完成了什么？假如你说花了多少钱，升了几级，和现实有什么关系？一删除，哗啦啦，一忘皆空，什么都回到了起点，然后你就开始生气。

昨天和前天我好像特别有兴致，连续玩儿。玩儿啊！多么有意思啊，我当时就是这么想的。后来从书上看到，古代吸食鸦片的人都是这么想的。我吓了一跳，原来我眼前这方方正正的东西，竟然是鸦片做的。说不定不久后的一天，这个东西便会被林则徐的后代"虎门销电脑"。

我在想，我们班上已经有不少"毒瘾子"了。方正的施广伟烧掉了电脑，毒品是终会让人异想天开的。

我决定传承施广伟的意志："绝不跟疯子在一起！"

给爸爸一个惊喜

周尧尧

不知不觉中，爸爸的生日又悄然来到。往年里，我总是忽略这个日子，可现在我长大了，爸爸每天日夜操劳都是为了我，我应该做些什么了。

回到家后，我在客厅里踱步，苦思冥想着该给爸爸准备一份什么样的礼物。一束花？不行，爸爸可是"爷们儿"，对于花可不感兴趣；一张满分卷子？不行，这显得太平常了；一份礼物？又来不及准备了……我左思右想，还是想不出一个好主意，算了，干脆一些，说句"我爱你"就行了。

老爸下班时间到，门铃准时响起，我兴冲冲地跑去开门，刚一开门，我便扑了上去，咦？今天老爸怎么瘦了许多？我定睛一看，我的天！抱错人了！原来是查煤气的，他见我这气势，吓了一跳，我赶紧捏了一把汗，小声说道："没什么，请进吧。"

过了一会儿，门铃又响了，有了上次的教训，我变得格外小心，门一开，果真是老爸！霎时间，我想说的话却怎么也说不出口了，老爸见我呆若木鸡地站在门口，赶紧说道："愣着干什么，快去写作业啊！"我只得服从命令，灰溜溜地跑回了房间。

两次失败的经历，让我失去了信心，也终于明白了什么叫做"爱在心头口难开"的道理，但我绝不能被挫折击倒了，我决定鼓起勇气，再试一次。

整理好心情后，我重又走到了老爸的身边，"老爸，我……爱……你。祝你生日快乐！"我不顾脸上的高温，终于说出了在我心中酝酿已久的话。老爸先是一愣，脸上瞬间变得通红，心里乐开了花，然后对我说："孩子终于长大了，终于懂得感恩了！"看着老爸高兴的样子，我也高兴极了。

俗话说"滴水之恩，当涌泉相报。"更何况父母，亲友为你付出的不仅仅是"一滴水"，而是一片汪洋大海。作为我们，却只知道饭来张口，衣来伸手。怀着一颗感恩的心，去看待父母，你将会发现自己是多么快乐。

月圆中秋

卢雨晴

那月，不是秦时月，不从关山来。

就是那么满，像是描画出来的一剪凄艳，是一圈优美的弧。

从南京到安徽其实并不远，却又很远。我克服了从小就晕车的习惯，匍匐到安徽这个有时都叫不出名字的小镇来，只因一个"圆"。

这里我很熟悉，小时候就住在这儿，这里的大街小巷，我都能叫出它们的名字。好像见到了久别重逢的友人，朝它们挥挥手，甚至还能看见小时候在路边墙上刻下的杂乱无章的痕迹。

月色更浓了，却没有要沉睡的意思，鞭炮的响声和花灯把世界打扮得热闹极了。月亮却不食人间烟火，独自清雅去了。

家人唤我，我只好回去。

家里的人很多，有认识的，也有不认识的。他们都爱笑，互相聊着，好像很投缘，一笑起来就叮叮咚咚的。妈妈把我的瓷碗里填满了米饭，热腾腾的，闻起来很香，是"圆"的味道。

餐桌上，高脚杯碰在一起，和家人的笑声融在一起，很"圆"。

我却起了身，来到庭院，外面依旧是万家灯火，花街灯如昼。

满月却是寂寞的，横贯中天。

一半天上，一半人间。

它是苍白的，是柳永酒醒西湖，乘着小舟，从二十四桥赶来的明月。千年的跨越，人们说它"圆"满，送给它华丽的诗词霓裳，在人世欢庆。殊不知，它早已后悔偷了灵药，努力地蜕为一个"满"圆，好像在自嘲，还是听惯了嘲讽，而无所谓地轻佻一"圆"？

我突然同情起月亮来。

院子里有桂，却不是十里飘香，细细一闻，才有桂花苍白的香。

月，原来不圆。

凡世如此平常，幸福。而天宫是冰冷的，明月不知，独守夜色。

家人唤我的小名，叫我回去，声音圆润好听。

世人怎会体会到明月的"缺"呢，我在庭院里用指尖画了一个"圆"，送给月亮。

中秋，就在"圆"和"缺"里度过。

小 煤 球

熊 驰

"小煤球！小煤球！"我大声喊道，"你在哪儿？""别喊了，我来啦。"只见远处人海中一个胖子跑了过来。他长着一个小平头，浓眉小眼，大鼻子，大耳朵，厚嘴唇，圆脑袋，黑皮肤，此人便是"小煤球"也。

当你听到这个别称——"小煤球"时，你或许会认为他是只小猫或小狗之类的宠物吧，其实他是我刚认识不久的同学——田修华。

若谈起此娃儿，用顽皮来形容最为恰当。

"真是个顽皮的娃儿呀！"我心中感叹道。"怎么这么不小心！"教官在旁边教育道。这是军训时的某天晚上，训练一整天了，终于可以回到宿舍好好休息了，此时此刻是最令人激动的时刻，也是从一到五楼这段楼梯口最热闹的时刻，每个人都急切地想回到宿舍中，"小煤球"也不例外。只见他屁颠屁颠地向前奔跑，渐渐地他那顽皮的性格"爆发"了出来，当他走到我们隔壁的一间宿舍时，他将头伸到门内大吼几声"巴拉巴拉"，也许这一刻他真的是特高兴，可下一刻是令他万万没想到的，兴奋过头的他收回头继续向前跑，可刚迈出第一步时，只听"哐当"一声，他的额头上方流下了一道鲜血，他那灿烂的笑容也随之烟消云散了，只是伤心地"哦"了一声，正所

谓乐极生悲啊。

虽然"小煤球"很顽皮，但也常做"活雷锋"。

记得一天晚上，皓月当空，万物都显得格外宁静！突然，我们感觉到洗手池的水"哗啦啦"的声音，我和我的舍友们都惊呆了，大家七嘴八舌地议论起来，最后一致认为这里猫多，所以一定是猫在戏水。可哪儿来的猫呢？谁也不知道，于是我们便决定选一个人下来查看一下，最后还是"小煤球"右手拿着打猫棍，左手握着手电筒爬下床。哪知他刚下床，水声就销声匿迹了，也没见着猫，"小煤球"说："我守会儿夜，你们睡吧，等有猫出来了我再喊你们。"谁知一会儿他竟坐在床上睡着了，同时我们也明白了原来那并不是猫戏水，而是水管道的流水声！

其实每个人都有不同的性格和特点，他们就似夜空中的繁星，对我来说"小煤球"就是其中之一。

"小煤球！小煤球！""干吗？""没什么"，我扑哧地笑了。

031

饭桌上的战争

曹若萱

"你有没有注意到吃饭时我对面那个总翻白眼的人？"午休的时候，我拉着夏凡到一个没人的地方聊天。

"我早就注意到了，她总是眨眼睛，而且每次吃饭都挑肉吃。"夏凡说。

我努着嘴："就是啊，好讨厌的。"

夏凡是我认识的最好的朋友，我们说的那个"总翻白眼的人"是军训吃饭时坐在我对面的一个女生。军训时，我们到食堂后要站在座位前，等待所有连队都到齐且纪律安静时才能坐下开饭。

军训第一天中午，我来到食堂，站在自己的座位前。过了一会儿，我对面也站了一个女生。"都给我调整军姿站好！"凶巴巴的教官大声吼道。我连忙昂首挺胸，两眼目视前方，站着军姿。我看到对面的那名女生总是对我挤眼睛，每次睁眼时眼里都是一片白。我很不高兴，心想：我又没有得罪你，干吗老朝我翻白眼？我不想看到她的白眼，便低头看菜。哇，伙食不错啊，居然有一整只的鸡！"听口令——坐！"终于，教官叫我们坐下吃饭，我们便以迅雷不及掩耳之势，"哐"地坐在了座位上。

我拿起筷子，夹了一些蔬菜在那细细品味，而我对面的那位同学抄起筷子就去夹鸡腿，风卷残云般把鸡吃得千疮百孔。"肉我们还没有吃呢，就被她一个人吃得差不多了！"夏凡在我耳边抱怨道。"什么？肉没了！"我这才反应过来。看着那千疮百孔的鸡，我真是"悔恨不已"。

往后的每顿饭，"翻白眼"都是一上来就抢肉吃，搞得我们顿顿都不安宁。于是，我和夏凡决定找一个机会向"翻白眼"反击。

真是上天不负有心人！有一天，一只苍蝇大概也是"军训"累了，落在了鸡背上歇了歇脚，然后又飞走了。这一幕让我们连的人看得一清二楚，鬼点子特别多的唐天蔚说："我们不要告诉别人，特别是那个人。"我和夏凡嘿嘿地笑了起来。

不一会儿，"翻白眼"来了。教官一下达开饭的口令，我和夏凡就去抢那只鸡的鸡腿，"翻白眼"也跟我们抢同一只鸡腿。

毕竟人多力量大，我和夏凡一下就把鸡腿扯了下来，"啊，我的鸡腿！""翻白眼"叫道。我毫不理会她的尖叫，和夏凡把鸡腿分着

吃。

　　"翻白眼"失了鸡腿，闷闷地吃着剩下的鸡肉。最后，连"苍蝇遗址"也被她化为废墟，我和夏凡乐得直不起腰。

我的风景

我被罚了一枝康乃馨

当我把康乃馨战战兢兢地递给了我的班主任王老师的那一刻，我明白了老师让我们带康乃馨的用意：红色的康乃馨代表着爱和关怀，王老师用这种温暖的方式，既让我们受到了惩罚，也让我们感受到他对我们浓浓的爱。

幕 府 山

姜卓馨

我家附近有一座山，名叫幕府山，我经常去那儿爬山。

春意盎然的春天，山上一片生机勃勃。小草们脱掉了棕黄色的棉袄，跟着春风姐姐一起翩翩起舞，桃花、杏花、梨花都伸展着腰身，欢迎新的一年的到来。人们有的迎着轻风在打着太极拳，有的在画板上写生，有的在拍摄美景……春天是活力四射的！

烈日炎炎的夏天，植物们见人们被太阳晒得大汗淋漓，不由得努力伸展着枝干，让枝干上的树叶长得再大一些，再密一些，让阴影更多些，更大些，为人们提供最原始、最天然的服务。人们似乎也感应到了植物们的好意，纷纷走到树荫底下，有的驻足小憩，有的悠闲聆听音乐，有的专心读书……夏天是其乐融融的！

秋高气爽的秋天，小草们穿上了草黄色的毛衣，摇摆着小身子，果园中硕果累累，空中弥漫着成熟的气息，其中最有趣的便是这玉兰树了！它的叶子有的绿、有的黄、有的紫，人们喜欢把它收集回家做成美丽的书签，还有人喜欢登上幕府山的最高处，看着那惊涛拍岸、波涛滚滚的长江，感受着长江连绵不断、永不言弃之意……秋天是五彩缤纷的！

白雪皑皑的冬天，虽然有的树叶子已经凋落，可是经过了雪花的

装饰，变得更加美丽了。远远看上去，不是树枝，倒像是雪枝了。每到下雪时，雪花飘飘洒洒、纷纷扬扬地飘荡，别有一番韵味。人们通红着脸，边搓着双手边向空中"喷云吐雾"，丝毫不受寒冷的影响，一往无前向上攀登……冬天是无所畏惧的！

咦，这里有封来信。哦，上面说，幕府山正等着你去做客呢！

爱笑的"土豆"

项昱然

"土豆"是我的同班同学，军训时的舍友——常文婧，因为她喜欢吃土豆，所以我们给她取名"土豆"。

"土豆"可能是我见过的最爱笑的人了。军训期间，我们总喜欢在宿舍里聊一些我们之间的话题，只要一聊到好玩儿的话题，笑得最厉害的准是"土豆"，一笑便停不下来。有时她也会自己一个人在那儿自娱自乐，时不时发出"咯咯"的笑声。每当听到她的笑声，我的心情也不由自主地被她带动起来，军训期间所有的苦和累也就都忘记了。"土豆"就像是我们宿舍的开心果。

我本以为，她只在单独和我们在一起的时候会笑得那么开心，没想到她在教室里依然是一样。音乐课的才艺展示，"土豆"和其他两位女同学表演杯子打击乐，在课间练习时，我们就缠着她来教我们，她也很乐意。不知是快速打击做得习惯了，还是脑袋一时想不起来，教了一半，竟不知道下一步了，她和我对视了一会儿，"扑哧"一下就笑喷了，一直到上课，她都还没喘过气来。

别看她平时不怎么"正经"，可一认真起来，做事比谁的效率都高。在一个周一的早晨，因为数学作业项数较多，我一个人忙不过来，便请"土豆"来帮我收试卷。要我查，至少要半个早读的时间，可她却没过两分钟就把没交的人找了出来，并把所有试卷都要齐了，看着她这个样子，我简直不敢把两个截然不同的"土豆"联想在一起。

我很喜欢"土豆"这个朋友，这个性格直率、乐观，总爱逗我笑的"土豆"。

苦　难

田修华

038

我没见过我奶奶，我出生时奶奶已经去世，一天晚上，我从爸爸的口中，知道了我奶奶生前的一些苦难经历。

奶奶小时候对针线活特别感兴趣，看到大人做针线活，她也学着做，有一次不小心，一针戳进了眼睛里，可惜她那时还小，不敢跟父母讲，导致了她以后那只眼睛几乎失明。

成年后，家里很穷，没什么吃的，为了维持生计，奶奶每天在生产队忙完后晚上去附近的水泥厂搬石头。水泥的主要原料石头是从外地用船运过来的，那时还没有什么机械化设备来将石头运上岸，全靠人力。有时一个大石头要几个人才能搬得动，那可是壮实男人干的活，可是奶奶却经常这样不要命地干，深夜回到家也没什么吃的，喝点儿水就饿着肚子休息了。

爸爸说，那时候的主食经常就是大麦面做成的糊状的粥，难得看到大米。为了解决吃的问题，奶奶很聪明，找了块向阳的荒河坡开垦，种了点儿红薯，每年能收些红薯，青菜和红薯加水烧烧就是晚饭了，爸爸说那个东西没有油，非常难吃。

每年冬天可以在麦田里穿插种些大白菜，在腊月收获后，奶奶和我的大舅爷爷一起撑船到外地去卖。那时没有电动马达，全靠自己撑，晚上寒风嗖嗖，他们就睡在船洞里过夜。

卖白菜时，买菜人常常是将大白菜外面的好多叶子剥掉，只买菜心，奶奶看了非常心疼，把菜叶收集起来带回家吃。还有一次卖菜时，奶奶被别人挤掉下了水，两条腿全湿了，一会儿后衣服都结冰了，又没衣服换，冻得直哆嗦。

奶奶一生艰辛、勤劳、清苦，最终积劳成疾，导致她四十九岁就早早离开了人世。

039

听爸爸说完奶奶的经历，我心里酸酸的，奶奶为了家庭任劳任怨、含辛茹苦，将子女们抚养成人，但一生从没享到什么福。现在生活条件好了，有吃有穿，奶奶却已不在。然而奶奶对命运的抗争，我将铭记于心！

牙齿的一次恶作剧

夏 凡

只听"嘎嘣"一声，紧接着感受到一阵剧痛。我急急忙忙地把饭咽了下去，跑到镜子前一照，天哪！一颗牙居然晃动了。一时间我不禁联想到牙医，就是那个手拿钳子，身穿白大褂的人。我不去，我坚决不去那个鬼地方！不能让妈妈知道我的牙齿晃动了。

第二天晚上吃饭时，一向狼吞虎咽的我却像一只乖巧的小猫。"夏凡，今天哪里不舒服吗？"妈妈瞪大眼睛望着我。我低下头去，回避了她的视线。"没有啊！"没想到，我一说话，一分心，食物竟然和那颗晃动了的牙来了一个亲密接触。我的脸迅速涨得通红通红，牙齿紧紧咬住了嘴唇，那种痛苦就像电流一样传遍全身，我还不能叫！唉！真是哑巴吃黄连——有苦说不出啊！一抬头，只见妈妈的眼睛眯成了一条缝看着我，坏坏地笑着："是不是有颗牙晃了？""没有呀！""不可能，你瞒不过妈妈的。走！我们赶紧去医院！"唉！还是被妈妈发现了！

时间一分一秒地过去了，离医院的距离越来越近，心脏跳得越来越快，泪水流得越来越多，腿抖得越来越厉害，医院的怪味越来越重。

到了医院，只见妈妈先买病历后挂号，一切都是那么顺利而快

速。我多么希望我能让时间暂停……或者让医院停电也行！但是一切都是不可能的。妈妈让我跟她走，可我脚上像钉了钉子，一步也迈不开。最后还是妈妈软磨硬泡才把我拖到医生面前。

这个医生非常好，技术"高超"，特别能明白小孩子在想什么。于是他"大发慈悲"地完成了我拔牙前最后的愿望——拔轻点儿。

只见这个医生拿着钳子，信心十足地来帮我拔牙了。我嘴巴张得快撕裂了！他拿了个小镜子，在我嘴里左照照，右照照，然后用镜子的背面左碰碰，右碰碰，最后问我一句："晃动的是哪颗牙？"我和我妈都无语了。这医生第一次够轻，没拔下来。好吧！我不怪他！人总有失误时。可是他不立即拔第二次，反而悠闲地擦擦头上的汗。那时候我终于体会到一句成语的意思了，什么叫作"生不如死"。

好不容易拔完了牙！我的痛楚立即就没了！我哼着小曲儿，一蹦一跳地离开医院，挽着妈妈的手奔去肯德基点了一堆好吃的：金灿灿的薯条、香喷喷的鸡翅、凉冰冰的饮料……吃得我满脸都是油，我都来不及去擦！我边吃边想：拔牙其实就是想起来恐怖，真的做起来时好像也不是那么恐怖嘛！还是我已经有了对抗苦难的能力了呢？不管了！还是先吃鸡翅吧！好幸福啊！

041

幸　福

于昊挺

看着外公在田间劳作的身影，我不禁想起了三年前。

那天，我正无忧无虑、蹦蹦跳跳地走在回家的路上，直至到了家门口，把手提起来敲门的那一刻，我都没料到，这个世界将在下一秒改变。

门是老爸开的，家里烟雾缭绕，老爸看上去神情疲惫，我感觉到了屋里沉闷的气氛。小心翼翼地进了门，我看到老妈躺在沙发上，头发蓬乱，泪流满面，身后传来老爸沙哑的声音："外公……他……出车祸了。"

我顿时立住了，犹遭五雷轰顶，处理信息的脑袋一个劲儿地告诉我：这不是真的！

然而事实从不留情！脑出血、昏迷、脱臼、多处骨折……不该出现的医学名词几乎都给撞出来了，我木讷地听着老爸讲述病情，心情越来越沉重，在一片混乱中，我全身阵阵发冷，终于，我再也忍不住了，跑进房间，趴在床上，任滚烫的眼泪流过脸颊，沾湿床单……睡过去了。

一睡直至天明。

第二天傍晚传来了好消息：外公从昏迷中醒来了，一切都很稳定。我欣喜若狂，想着外公还能像以前一样和我一起捡板栗，摸螃蟹，我的眼泪流了下来，也许这就是喜极而泣吧！第三天，第四天……外公每天都在好转，能吃东西了，能下床了，每天我都迫不及待地给妈妈打电话，询问外公的情况。

外公出院了！见到外公时，他正斜躺在床上看电视，看着外公缠着绷带，饱经沧桑但依然慈祥如往昔的脸，蜜一般的快乐在我心头荡漾。

如今，外公的身体已经恢复了，一刻也闲不住的他又开始干起了农活。每次看到外公，我总会觉得，一家人平安融洽地在一起就是完美的幸福，而从痛苦中走出来的幸福，则格外甜蜜！

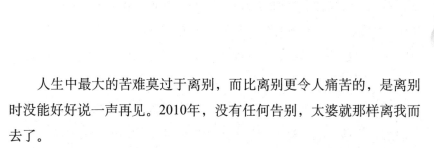

生命不能承受之痛

赵　煦

　　人生中最大的苦难莫过于离别，而比离别更令人痛苦的，是离别时没能好好说一声再见。2010年，没有任何告别，太婆就那样离我而去了。

　　太婆和我在世间的相处，细数不过七年。从我记事起，太婆就得了老年痴呆症，精神变得不那么正常，也常常忘事，但每次只要我回老家看她，她都会很高兴，孩子似的悄悄往我口袋里藏两块糖，用被生活磨砺得十分粗糙的大手攥住我的小手，努力地回忆我的名字，每每想起来了，都会笑得皱起满脸刀刻般的皱纹。妈妈说，我出生时，太婆还没有得病，知道自己有了曾孙女，高兴得不知所措，还连夜赶制了一双小巧精致的虎头鞋带给我祈求平安。每次想起太婆的笑容，我都感到自己生命的可贵。

　　2010年，我刚满七岁，晚饭后正在家里写作业，妈妈的电话突然响起，她匆匆接起，站在阳台上小声说话，过了一会儿，妈妈猛地哽住了，良久，妈妈茫然地进来了："太婆走了。"走了！太婆走了！我呆愣在原地，看着妈妈泛红的眼眶。外面起风了，透过窗户的缝隙吹进来，从头顶一直凉到心底，月亮悬挂在树枝上，地上洒满了幽冷的光。三天后，我在太婆的葬礼上，目光呆呆地，周围的一切似乎都

043

没有灵魂，吹拉弹唱的乐队，嘈杂的人流，只有窗台上的白纱布才真的像在告慰死去的灵魂。我望着太婆面容安详的黑白照片，仿佛下一秒她又会出现在门口，对我露出笑容。

去年秋天，我在家收拾房间，突然从衣柜深处找出了一双虎头鞋，鲜丽的颜色，细密的针脚，簇新地像一个从未拆封的梦。我的泪水突然夺眶而出，经过时间无言地洗刷与沉淀，那一刻，我真正接受了太婆的死亡，也真正意识到生活，有甜也有苦，有幸福也有苦难，这就是生命的真谛。然而透过难以下咽的苦难，我却莫名嗅到了一丝甜蜜与幸福。我终于释然了，这双虎头鞋即使再也无法穿上，也会一直在我心灵最深处珍藏。以后遇到再大的苦难，只要想起，心中就会涌起一丝幸福。

2010年冬天，生活用比往年更冷的寒风告诉了我她的真谛。苦难背后也有幸福埋藏，每一个与家人相伴的当下，都是人生中最美的花好月圆，请好好珍惜。

044

我被罚了一枝康乃馨

经予然

我拿着价值二十元的康乃馨战战兢兢地将它递给了我的班主任王老师。当老师接过那支花时，我回头长长地叹了一口气："二十元又没了，不过，事情终于解决了。"说到这儿，我悄悄回头看了一眼王老师，他正小心翼翼地将我的康乃馨插入花瓶。

　　时间回到两天前，我仗着5.0的好视力，在做眼保健操时东张西望，被值日的同学看见并被扣了0.5分。我的心一下就凉了半截，要知道，不认真做眼保健操时要被罚带一枝花的。

　　果然不出我所料，当天下午，在班级总结会上，值日生宣布我和几个同学因为在眼保健操中睁眼而被罚带花。可我当时压根儿就没放在心上，第二天偏偏忘记带了，空着手就到了学校。到了学校后才发现花没带，可是已经来不及了，下午被老师指定带康乃馨一枝，我的心情糟透了，要知道康乃馨可贵了，我的心在默默地滴血。

　　我在花店用了我平时积攒的零花钱，买了一枝康乃馨，放入书包。但是第二天一看，花被压坏了，我心疼得都快哭了，赶紧又跑去买了一枝，这次我一定要好好保护它。

　　当我把康乃馨战战兢兢地递给我的班主任王老师的那一刻，我明白了老师让我们带康乃馨的用意：红色的康乃馨代表着爱和关怀，王老师用这种温暖的方式，既让我们受到了惩罚，也让我们感受到他对我们浓浓的爱。

045

爱 "拈花惹草" 的王老师

许雨萌

　　他个子不高，眼睛小，全身都散发着幽默细胞，他笑起来的时候总能给人带来一种亲切感。这就是我们班的班主任——王林老师，我们都亲切地称他为"木木"。

王老师总是有想不尽的好点子，他创建了班级博客，新闻部，微电影制作小组，丰富了同学们的课余时间；他还带领着同学们一起装扮教室，收集素材，制作黑板报，增设了图书角和报纸杂志区，让同学们畅游知识的海洋；老师还把大家带来的四十二盆花草放在了教室内外的各个角落中，为班级增添了一抹绿色。这样的一个"绿色花园"老师十分呵护，一有空儿便去给花草浇浇水，晒晒太阳，用他的话来说就是："这些小花小草一直陪伴你们三年的啊！要好好保护它们，它们也是一个个小生命。"于是，每天午后总能看见一个身影忙碌于花草之间，也正是因为王老师的这份细心地呵护，这些小花小草才得以茁壮地成长着。

平时，王老师说得最多的话也莫过于："轻一点儿搬，别把它弄疼了！""把它们分开一些，挤在一起太不舒服了。""喜欢晒太阳就经常搬出去晒晒，还有要多浇水的，别把它们渴着。"

就在一天中午，我跟平常一样吃完饭回到教室，远远就看见王老师满头大汗拿着扫帚在走廊上扫着花盆的碎片，一边提着洒水壶，小心翼翼地搬着新花盆，一边指挥同学填土。我感到十分奇怪，便问身边的同学发生了什么事，她说有几个调皮的男生刚刚挥着拖把奔跑打闹时，不小心打碎了一盆花，现在王老师都不顾休息，还在抢救中。我听了以后不禁被王老师爱护花草的这份爱心打动了，急忙过去加入了帮忙的行列中。

午自习过后，王老师讲到中午花被打碎这件事，跟我们大家说："今天中午有几个男生在走廊那里瞎闹，把花盆打碎了，刚才听花盆打碎了，心里都'咯噔'一下，心疼啊！你看要陪伴我们三年的这些小花小草，一下子就有一盆'病'了，你们的心不疼吗？刚才那盆小花还不知道能不能救活了。"王老师说话时，目光中透着些许惋惜，些许无奈。

细微的一盆小花，老师却是如此关爱与呵护，我的心底流淌着一种说不出的感动。在我眼中，他是一位尽职尽责的好老师，每一盆小花，正如每一个学生，都凝聚着王老师的心血与汗水。

现在的小花园又恢复了往日的风采，变得生机勃勃。每当中午吃过饭后，总能看见一抹身影，忙碌于花草之中。

简简单单的快乐

曹若萱

我的外婆今年六十七岁了，她个子很矮，看起来又瘦又小。她有一双粗糙的手，脸上布满了皱纹。外婆经历过很多苦难，但她却总是笑着把这些苦难当成故事讲给我听。

外婆是在新中国成立那一年出生的，她出生没几个月，她的母亲就把她放在箩筐里背着逃难，当时箩筐上还压着许多衣物，她险些被闷死。外婆开玩笑地说："我大难不死必有后福！"

外婆家境贫寒，她到了十几岁才上小学一年级。上了三年学后，家里就再也没钱供她读书了，她不得不辍学回家。直到现在，她也只认识几个字，仅仅会写自己的名字。外婆家连她一共有五个兄弟姊妹，她在家排行老二，辍学回家后就帮家里照顾弟弟妹妹们。她很小就下地干活，长年累月，手上早已有了厚厚的老茧。

三年自然灾害是最苦的时候。那时候，人们连米饭都吃不上，大家只能去挖野菜，吃树皮草根。外婆他们总是饱一顿、饥一顿，对他们来说，一把米和野菜做成的"一吹三层浪"的粥就算得上是一顿美味佳肴了。后来，连树皮草根都被吃完了，有的人干脆就去吃观音土，这种土可以充饥，但没法消化，他们并没有活下来。好在噩运没有降临在外婆身上，他们一家都成功渡过了这个难关。

外婆结了婚，有了三个孩子，生活仍是艰苦。外婆是菜农，种着几亩地的菜。种菜最是辛苦，没有空闲的时候，从早到晚都得在地里忙活：翻地、播种、锄草、施肥、浇水……少了哪一样都不行。好不容易等菜长好了，还得采摘下来拿到集市上去卖。外婆常常早上四五点就起床了，挑着百十斤重的担子走几里地去集市上卖菜，汗水常常浸透衣裳。

那天，我又一次听外婆讲完她的故事，我问："外婆，你经历过那么多苦难，那你还幸福吗？"外婆微笑着说："怎么会不幸福呢？虽然我以前吃过很多苦，但孩子们都长大了，现在日子过得多轻松啊！不愁吃不愁穿，我很知足，很幸福。"啊！经历过这么多苦难的人却说自己幸福！原来，知足就是一种幸福。

外婆的幸福让我明白了人要懂得知足。生活不是一帆风顺的，不要因为一点点小事就不开心，要调整好自己的心态，把事情想得简单点儿，学会知足，就会得到幸福。

雪后之阳

刘兴宇

冬天的早晨，风呼呼地吹着，白云挡住了那温暖的太阳，刺骨的寒冷使人不想起床。

我睁眼醒来，听到房间外一阵"咚咚啪啪"，突然"吭"的一声，外面的嘈杂声停止了。我赶紧起床，发现家里只有我一个人。这本应是一家人围着餐桌吃早饭，之后送我去上学的早晨，而现在却寂静无比，没有人给我做早餐，没有人叫我起床。来不及多想，我匆忙喝了杯牛奶，吃了几片面包，就背上书包下楼了。

刚下楼，我看见正穿着睡衣的妈妈在楼下焦急地等待着什么，忽听到远处"滴嘟滴嘟"的声音传来。我知道肯定发生了什么事。妈妈看见救护车来了，赶紧迎了上去，只见救护车刚一停稳，医生就抬着担架从车上下来，快速跑向对面那幢楼。外公就住在那儿啊！妈妈回头看见了我，跑过来推我："你快去上学，我找了出租车送你去。"我握住妈妈的手说："我不去，是外公出事了，对不对？我要陪着外公去医院。"妈妈松开手，没有说话。这时，医生们从楼上下来了，担架上正躺着我的外公！我的眼泪瞬间就流了下来，外公正大口地喘息着，他的嘴角上还挂着鲜红的血液。我冲了上去，想要抱住外公，医生却朝我挥挥手，不让我靠近，我不舍地目送外公上了救护车，看着救护车远去，我的身体好像空了，仿佛僵尸一般。

049

要知道，外公对我可好了，从小就带我出去玩。每次妈妈要打我骂我都是外公护着我，外公每天晚上都会给我做上一顿丰盛的晚餐，我有什么要求，他总会尽量满足我。

妈妈把我送上了出租车去上学，一路上我的眼泪止不住地流着，就这样到了学校。

上课我哪能听得进去，总觉得外公会离我而去，心中总是感觉闷得慌。

终于放学了，我飞快地跑出学校，见坐在车上的妈妈神情自然，相信外公应该没事了，就让妈妈带我去医院看外公。来到医院，看到外公安详地躺在病床上，像个熟睡的婴儿。我知道外公渡过了难关，我高兴地一蹦三尺高，差点儿要尖叫起来，妈妈对我做出了一个安静的手势，拉着我出去："让外公好好睡个觉。"说完，妈妈就带着我准备回家，临走前我跑到外公病床前，轻轻地抱了抱外公。

窗外的雪停了，太阳出来了，暖暖地照在我们的心头。

一道伤疤

刘力瑞

"人之初，性本善……"一位端庄、慈祥的老人，眼神透露着满满的幸福，正在对我这个充满好奇心的孩子教导着。这便是儿时我对外婆的所有记忆。除了外婆对我的教导，我最忘不了的还是那条长长的伤疤……

外婆的背上有一条长长的伤疤，我以为外婆之前是被什么东西划伤过。记得我曾问过外婆，外婆先是一怔，眼神里流露出淡淡的忧伤，平淡地说了一句："没什么。"我发觉事情没有那么简单，就没有再问下去。

外婆已去世多年，偶然回想起那道长长的伤疤，便去向妈妈问清原委。妈妈叹了口气，向窗外望去，缓缓地说："你外婆一生坎坷，说来话长……"

外婆出生在一个豫北的地主家庭，家庭比较富裕，在那个重男轻女的时代，她有幸接受了教育，上了私塾，那时就连普普通通的男孩子像这样的机会也不太多。外婆的童年是在衣食无忧，充满了爱的环境里度过的。可是这样的日子没过几年，一场席卷全国的政治运动开始了，家里的所有资产被充公，被平分，父母被带上剥削阶级的帽子，兄弟姐妹都饱经折磨，不仅是身体的折磨，更是精神上的摧残。外婆后背上的伤就是在一次批斗会上被殴打所致，为了逃避这样的折磨，外婆十八岁那年远嫁他乡，嫁给了一贫如洗的外公。

外婆，一位柔弱的少女在命运的磨砺下，变得坚强、独立……为了避免别人的歧视，外婆隐瞒了自己满腹才学，跟大家一起去扫盲班学习汉字，背毛主席语录……

后来，外婆遭遇家庭变故，父母双亲经不住夜以继日的折磨，相继去世。外婆听到这个消息伤心欲绝，整天以泪洗面，命运就是这么冷酷无情。

每次妈妈向外婆提起这些不堪回首的往事，外婆都会潸然泪下，看来极是痛苦。到了后来，大家都不愿也不忍心去触及老人家的这一痛处。随着岁月的流逝，大家逐渐地淡忘了这段历史。

外婆和外公相依为命度过了人生中最艰难的岁月，平时外公对外婆很是疼爱，或许这是命运对外婆的另一种补偿。每年过节时，看到儿孙满堂，子孙萦绕膝下，两位老人幸福而满足。

051

我四岁时，外婆去世了，死于心肌梗死。虽然这一切来得突然，但我认为，外婆已经无憾了。外婆去世没到一年外公也去世了，他们都是幸福地相伴，幸福地离开。

这，就是我外婆的一生。

忘　年

李心宇

又是周末，我又回到了"老地方"。

一座座老房子如同往日一样，伫立在地上，只是细看发现墙上又多了几道裂纹。楼下的小公园没有颐和园的壮丽，没有苏州园林的精巧，却多了几分生活气息。我还依稀记得，在我刚上幼儿园的时候，每天放学总是能看见一老一少在小亭子里下棋。

从小，爷爷便教我下棋。到了幼儿园大班的时候，我的水平已经和一些大人差不多了。一次放学早，我看到有人下棋，便立刻凑了过去。

交手双方一方是小区里德高望重的老教授，一方是重点大学的高才生，真可谓强者对话。一开始，哥哥先开始了猛攻。老教授似乎显得没有招架之力，只能消极防守。哥哥更是趁机下出了一步又一步的妙棋，赢得了观众们一阵又一阵的掌声。但几位老者却不以为然，一位满脸微笑，仿佛已胜券在握，另几位用标准的老南京话交谈着，最后不知说了什么，大家都笑了起来。那位哥哥似乎也有一帮铁杆粉丝，他们激动地站了起来，紧握着双拳，不时大喊一声"对！""好！"，并大幅度地晃一晃拳头。

突然，战局似乎出现了转机。老教授给自己倒了一杯茶，喝下去一口，轻轻地把一枚棋子一移，观众们似乎都被惊呆了，过了好一会儿才传出一阵山洪海啸般的掌声。哥哥面色铁青，好像破了个洞的皮球，眼看着就瘫了下去。他的粉丝也没了精神，如霜打的茄子般，呆呆地坐了下去。可是计划不如变化，哥哥似乎又想出了破解的办法，双方重又开始电光火石般的对攻。太阳渐渐西沉，人们却依然围在这里观看比赛。终于，随着哥哥用力一拍，双方都再也没有能力将死对方，双方平局结束。

老教授又给自己倒了一杯茶，唱起了《茶馆》："年轻的时候有牙没花生仁，老了以后有花生仁没牙……"

一阵风吹过，吹起了老教授满头的银发，也将我吹回了现实。如今，哥哥去了德国深造，而老教授去了天堂，和天使去下棋了。

回家的路上，我执意要去扫一下老教授的墓，一个没有儿女的老人的墓显得格外冷清，奇怪的是，墓前却整齐地摆放着一副象棋和一朵还未凋谢的白花。

053

一 叶 知 秋

张子琪

俗话说："一叶知秋"，可真没错。当第一片绿叶慢慢变黄、飘落的时候，秋天便来了。

"啃秋食，养秋膘"，这是无论大人还是小孩儿都喜欢干的事，而我却喜欢在秋风习习的夜晚独坐。窗户半开着，一点儿黄晕的光烘托出宁静而祥和的夜。灯下，一本书，一杯清茶，淡淡的书香，混着香茗的气息，袅绕在心头……

风，轻悄悄地；心，暖洋洋地。秋，给人带来美的享受。

当清晨的曙光照耀在广阔的大地上，洒在金黄的树叶上，一轮红日缓缓地从东边升起，那么优雅迷人，金色的光芒亮却不刺眼，宛如一位慈祥的母亲，静静地、轻轻地抚摸着她的孩子们，空气中含着维生素与氨基酸的混合气味。啊！那是阳光的味道，令人陶醉其中。闭上眼，仿佛身临仙境一般，飘飘然。

如果你认为秋天只是"如海的高粱举起火把，无边的大豆摇响铜铃"一样，那就是大错特错了。秋的美不只存在于田野间！每年回老家，我都忘不了那屋檐下的美景。

054

秋天栖息在老家的屋檐下，家家户户的窗户跟前，一串串的红辣椒，一嘟噜一嘟噜的土栗子，一挂一挂的干香菇，一穗一穗煮熟了留到冬天吃的玉米棒子，火红火红的，金黄金黄的，大片大片满是的。天然的墙纸，衬出了小村庄的富裕。啊！秋，是五彩缤纷的，是令人喜悦的。

秋，这个迷人的精灵，它给人们带来美的享受和那丰收的喜悦。她让人们过上幸福、美满的日子。

秋　意　浓

王　涵

一场秋雨一场凉，秋风吹过，微微有些凉意。秋，来了！

清晨，正在上学的路上走着，莫名地有一股幽香飘来，一股清新的味道在空气中荡漾，细细闻，却也不腻，哦！原来是桂花！往路边的小树看过去，树上满是黄灿灿的桂花，这儿一团，那儿一簇，你不让我，我不让你地竞相开放。细看，一小朵一小朵挨得紧紧地，花儿由四片花瓣组成，用手微微触碰，花瓣是那么有质感。中间的花蕊是橘黄色的，有些已经全开，有些虽是花骨朵儿，却好像马上要裂开，与绽放的花儿比美。

枫叶永远是秋天的象征。当它是绿色时，并没有怎么引人注目，可一到秋天，枫叶就整片整片地红起来，像火一样，一团一团的。对我而言，枫叶最美的时候是被雨水冲刷之后，那红红的叶子经过雨的洗礼后更加鲜艳；雨停了，太阳出来了，叶儿上还带着点点雨滴，在太阳的映照下闪闪发亮。这时，一位穿白衣的女孩儿闯入画面中，小心翼翼地摘下几片红枫，我想：她是拿回家给自己做书签用的吧！

秋，也是收获的季节。稻田里的麦子熟了，风吹过，稻浪起伏，布谷鸟开始啼叫，农民伯伯洋溢着笑容，大声吆喝，各家各户、老老小小都下田，各做各的一份事去。住在海边的渔民也纷纷下海，在晶蓝的天空下，扬起白色的帆，撒下大片的网，一旦捕到满满的一网鱼，渔民那朴实的脸上展开喜悦的笑容，人人都希望有个好收成！

最先拥抱秋的是桂花，最先感受秋的是枫叶，最先收获秋的是农民，而最先陶醉在秋天里的是我……

天凉好个秋

孙绘雯

说来真快，一眨眼竟已到了秋天。

刚入秋，昨天还三十多度呢，今早就让人觉得阵阵寒意从风里冒出来了。

这是一个关于颜色的季节。瞧瞧，前几天还含羞的桂花，一股脑儿全开了，嫩黄色的小花，像繁星一般闪烁在桂树上。梧桐树的叶子有些黄了，有些还是绿的，远远看过去，黄绿相间，多美的一件花衣！院子里一株三角梅，这些天正怒放呢！紫红色的叶子，在萧瑟的秋风里微微颤着，黄白相间的小花儿羞答答地藏在叶子中，可爱极了！

"秋风萧瑟，洪波涌起。"秋风不像春天的风，那样温柔；不像夏天的风，那样热烈；不像冬天的风，那样来势汹汹。秋风是一种柔和而又刚劲的风，柔中带刚，是其他季节的风不及的。秋风一来，杂着果香味儿，混着花香，含着稻香，在空气中弥漫开来。吸一口气，你仿佛已置身于果园中，花园里，田野上。秋风里，蟋蟀在歌唱，小溪在欢腾，一切是那样美好！

孩子们自然也是闲不住的。外婆家附近的小山上，一个个小天使在那儿捡着枫叶，采着桂花，拿去做标本，酿花蜜，不亦乐乎！

大人们又何尝不是呢？相约而行，漫步在枫林中，瞧瞧这火红赤热的生命，多么有朝气！听听鸟儿那悦耳的叫声，怎一个心旷神怡！

啊，这是秋天！多彩的秋天，丰收的秋天，承载希望的秋天！

天凉好个秋！

醉在秋天里

许智雅

057

清晨，推开门，一股清甜而湿润的气息扑面而来，如晨雾，似果香，若隐若现。我醉在了秋风里。

秋风是金色的。秋风里的树林，那般凉爽，那般寂静。万籁俱寂，只剩下秋叶不时唰唰飘落的声音。每一阵秋风，都是一场金色的雨，洗去了夏日的闷热，带来了秋的恬静。草地也盖上了金黄的被子，沐浴在秋日的阳光里。

秋雨和夏雨比，则要细腻得多，淅淅沥沥地抚弄着小草，融进泥土里。一夜之间，屋檐下，草叶上，都是她留下的痕迹。雨后的空气，多了一份清新。孩子们也纷纷出来了，骑着车，赛着跑，荡着秋千，欢声笑语，好不热闹！

或许是受了秋风和秋雨的感召，原本还孕育着花骨朵儿的菊争相绽开了笑脸。红得绚丽，像燃烧的烈火；金得灿烂，像温暖的阳光；白得淡雅，像拍岸的浪花，绿得清新，像晶莹的翡翠。它们迎着秋风，热热闹闹地聚集在一块儿，秋日的阳光暖起来了，毫无萧条之感。这些秋菊，一片连着一片的，即使你在远处走着，风也会把它们的香甜酝酿着送到你身边。宁静的秋夜里，蟋蟀的歌声与忽隐忽现的花香应和着，伴你进入梦乡，别提有多美好。

秋是一副多彩的画，秋是一杯香浓的茶，秋是一首婉转的诗，秋是一个美好的梦。

秋更是一杯酒，令我陶醉。

爱情最美的样子

058

赵　煦

前段时间《港囧》上映，我忙里偷闲陪妈妈去观看。比起《泰囧》，这次《港囧》走的温情路线让我有点儿意外，但透过妈妈泛泪的眼眶，那个年代的爱情通过炙热的泪水传递出来，诚挚得让我感动。

在颇具香港特色的小街小巷里追逐，配上20世纪80年代的怀旧金曲，让人笑出眼泪又回味悠长。走出影院，妈妈有点儿恍惚，沉默了许久，她轻轻笑了："感觉好像又回到了大学的时候，好多情节都回忆满满啊！"我好奇地仰头望着妈妈，关于爸爸妈妈的故事，我早已听了许多遍，但每一次都有些别样的回味。

爸爸妈妈是高中同学，那时候校纪校风都很严格，情窦初开的少男少女们之间既青涩又纯洁。上了大学，他们自然而然地在一起了，爸爸妈妈是初恋，因此很不被大家看好，但一路风风雨雨仍走下来，其中的辛酸也不是旁人可以懂得的。爸爸大学上的是军校，纪律严明，难得和妈妈见一面。在那个通信技术还不发达的时代，他们平时交流全靠写信，爸爸每周都要写几封，每一封信都很长，爸爸说："信是写得完的，但写不完的是深深的思念啊！"对妈妈而言，那时每天都要去校收发室查看有没有信件，收信时的那份内心喜悦，至今仍然记得。后来毕业了，本以为遥遥思念的日子终于结束了，没想到，上帝又和这对年轻人开了个小小的玩笑。爸爸的工作被安排在了溧水，妈妈则留在了南京，从此"双城生活"开始了。但地域的不同并不能阻挡他们的坚持，每周末，爸爸都会坐大巴去看妈妈，无论刮风下雨都不能阻拦他的脚步和坚定的心，车票堆了厚厚的一沓，至今仍被收藏在家里。后来，就像《港囧》里男主角一样，他们有了一个幸福的小家，但柴米油盐酱醋茶的平淡日子也并不轻松。再加上"双城生活"的艰辛，爸妈之间也偶有摩擦，但他们彼此包容，相互珍惜，一路携手走来。平凡，如同天下每一对夫妻，但又有着天下独一无二的爱与幸福。

写下这篇作文的时候，妈妈在一旁的灯下给爸爸发短信。此时的妈妈不再是当初青春美丽的少女，爸爸也成了有点儿啤酒肚的大叔，但透过他们连眼角皱纹也快乐上扬的脸庞，我仿佛看见了爱情最美的样子。

飘着花香的微笑

吴婉莹

　　我家的楼下开着一家花店，店名不像别人家那么文雅——全宇宙花卉批发市场，这个名字又俗气又夸张，让人对花雅致美丽的印象"唰"地就灭了。

　　正是因为这家花店的存在，楼下的坡底，没一天是干净的。水和花瓣花叶总是霸占着地面，还不停地有脏水从花店泼出，麻烦极了。

　　更可恶的是，有一次我低着头踮着脚小心翼翼地从那里走过，"啪"，一盆水正泼在我的面前，差一点儿便"正中红心"，鞋头上沾上了水，湿了。抬头一看，一个中年妇女正拿个大铁盆冲我笑了一下就回店了，连句"对不起"都没有！也许正是如此，我每每经过这家店，都忍不住厌恶地皱眉。那家店的生意并不好，至少在我看见时，从没有一个人进去过。为此，我还幸灾乐祸地想："呵，谁叫你不尊重人呢？活该！"

　　但是，这些不好的印象都像是线索，为最终的真相而铺垫着。

　　2月12日，情人节的倒计时已经开始，早早地，各家商店都挂出了节日的装饰，这是花店的好日子，玫瑰自然可以让他们大赚一笔。清晨，我就看见那老板娘坐在店门口的小凳上，身旁堆着一捆捆玫瑰，足有一米高，橙色的灯光在未开门的店铺中显得格外的突出和清冷。

因为上一次的事，我心中一直有着隔阂，这是第一次注意她的容貌，脸上的皮肤黑黄没有光泽，额头上是一排排抬头纹，嘴唇又厚又干，还起皮。她手上拿着去叶刀和剪刀，一支一支地细心修剪，手粗糙，上面还有着一块块的突起，是茧。放学后，她还坐在那儿，用去叶刀把剪好的花去叶。她的动作很慢，嘴角向上弯起。她低着头，我看不清她的表情，但我能感觉到那种温暖，那花就像她的孩子，昏黄的灯光下，黑色的像是剪影，看着看着，心变得柔软起来……

情人节到了，很想买支玫瑰给妈妈。但我明白，今天的花一定都贵得要命，玫瑰更是成倍抬价。我悻悻地推门走进店里，抽出一支火红的，不抱希望地问："多少钱？"她不说话，眼神有些惊讶。我有些不好意思地说："给妈妈的。"她的目光变得柔和，用手比了个五。这让我有些惊喜，分明和平常一个价！我再次确认："五元？"她点点头，不说话。我递给了她五元，正要走，她一把拉住了我，把我手中的花插回了桶里，又抽出另一支，然后转身径直走进了房间里，关上了门。

061

"她要干什么？"我想。我蹲下身，拿起了之前选的花仔细观察着。花虽然红，但在最底下的花瓣上却有些发黑，似是将要衰败。正想着，一支包装好还扎上了丝带的玫瑰递到了我的面前，我看看她，正准备付包装费，她却摇摇手，微笑着把我推出店门。

我转身道了声谢，她还站在店中隔着门望着我，在玫瑰花的包围下微笑着，那笑似乎随着花香飘进心里。回家的路上，总感觉到一股温暖环绕着……

后来我才知道，那老板娘是哑巴，不是不说话，只是不能说。但我却觉得听见了那笑容中的祝福，"祝你快乐"一遍又一遍回荡着……

再后来，花店关门了。但花香里飘出的微笑还萦绕在心头，一直，一直。

奇魅之夜

张子琪

　　窗外，云厚厚的，阴雨还未散尽。风不算大，但早已没了那"吹面不寒杨柳风"之情。路灯散发出的光是幽幽的，今夜绝不平常，冥冥之中，感觉到。

　　"嗡嗡……嗡嗡……嗡嗡"，"嗯？"半夜睡梦中的我猛地被一只蚊子的哼声惊醒了。"哎？"半梦半醒的我揉了揉眼睛。"现在是秋天，怎么蚊子还出来活动呢？真奇怪！"那蚊子声和这个问题一直缭绕在我的心上，加上黑得出奇的夜，让我一时无法入眠。

　　"其实，今夜对于我来说，本身就是个不眠之夜……"。我是个对手机有依赖症患者，每夜手机都要放在床头才能睡着，因为手机可以给我带来安全感。但是昨天，手机病了，今天在住院。所以，今夜我直到十一点四十分才入眠。

　　没过几分钟，那"嗡……嗡"声又响起在耳畔。重重的心事瞬间就被一把火给烧光！我跳下床去，打开台灯，抄起电蚊拍，坐在床边，静等着猎物。"嗖……"一道移动着的黑影从我的床上飞出来，消失不见了。"啊哈！我半夜居然压着一只蚊子睡着了，真是太奇怪，太不可思议了，蚊子居然被我压了四个小时还没死！"但等一下，蚊子怎么会在床上呢？难道蚊子也怕冷吗？

原本就心事重重的我，又多了几个疑问，便更无法入眠了。

窗外，冷冷的月光，照得原本灰黑的石路越发白亮，瘆得让人心慌。树叶暗得发黑，小草也失去了光彩。漆黑一片，一个小时过去了，东方浮现出淡淡的鱼肚白。

云渐渐散去，太阳慢慢地把脸露了出来，万物都亮了。我明白："寒夜已过，秋晓将至。"那夜，"虽无眠，却悟其思，明其理。"

短暂又奇魅的夜终将过去，迎接你的，是永恒又不朽的光明！

三　叶　草

许智雅

063

初夏的微风轻轻吹送，校园里，操场上，到处都是充满活力与生机的绿。

一群活泼的三年级孩子，在操场上跑着，跳着。只听一声哨响，他们都安静下来，体育老师双手背后，说："现在的时间，我们进行接力跑！"话音未落，欢呼声已一浪高过一浪，只有我，默不作声地呆立在队伍最后。待操场上安静下来，同学们又齐刷刷地回头注视着我，这时一个同学发话了："她跑不快，让她去另一个队伍吧？"于是我跟前的一个同学说："你去她们队里，好不好？"她的声音温柔婉转，却刺痛着我的心。我低着头走到另一支队伍，却同样招来了反对之声。体育老师让议论的同学们安静下来，把我分配到一个队伍里，我听见整支队伍里的人纷纷叹气。

又是初夏，我们要毕业了，我想在毕业前夕的运动会上踏上跑道，为班级出第一次，也是最后一次力。哪怕只是一个班有二十人参加的接力跑。然而当我得知没有参加过运动会的同学不得参加比赛时，我只得坐在草地上，耳边一次又一次地回想着班主任的安慰。恬静的阳光洒在草地上，我觉得一个人走了过来："你在这里做什么？"

"我跑得太慢了。"我低着头回答。

"我也是。可你比我高那么多，怎么会跑得慢呢？"

我抬头一看，原来也是被淘汰了的同学。"我怕会跌倒。"

"你等一下。"她站了起来，向一片绿荫走去。不一会儿，她来了，手里拿着一棵三片叶子的小草，又嫩又绿的。"这是什么？"我好奇了。

她答："我把它叫作三叶草。给你吧，有了这个，你跑步时就不会跌倒了。"我小心翼翼地接过她手里的三叶草，说："谢谢"。

虽然曾经的那棵三叶草已不知去向，但它的魔力就像一颗种子，在我内心深处生根发芽。此时已是秋末了，每每背着书包走在放学的路上，总会看到一片片的三叶草，虽不曾开花结果，却拥有着旺盛而活力的绿。

我和鱼儿有个约会

　　时间飞逝，我现在已经学会杀鱼了，而且比爸爸还要好。学习也是这样，第一次尝试某道题目时，可能会纠结，但是，我们需要果断地做出决定，勇敢地迈出第一步，并多加练习，就能熟能生巧。

卫生被扣了一分

宋佳雯

中午，我在黑板上抄语文作业，没写几个字就被今天的卫生组长康皓原打断了："马上要来检查卫生了，你能一会儿再写吗？"我点了点头。他立即用手三下五下把黑板下的台子抹干净，便出去找检查员。

一会儿，卫生检查员进来了，是一个个子很高，眼睛却很小的男生。组长康皓原和卫生委员刘子轩一左一右跟着，目光紧锁着注意他的一举一动，甚至眼神中的每一个细微的变化都不放过。检查卫生的男生先将黑板前的地面扫视了一遍，发现不脏，接着伸出中指和食指在黑板下的台子上擦了一遍，他抬起手，双眼紧盯手指，似乎没灰。他继续向前走，走到图书角旁，看见了一朵从书架上掉落的花，他的眼中一道流光闪过，捡起那花，还没等他开口康皓原就抢先开口解释："那个花扫地时还没有，是刚掉的！这个不能算！"检查卫生的男生似乎还想说什么，却没有说出口。

之后那个男生低着头开始检查地面，眼镜后的小眼睛敏锐地扫向地面，眼珠转来转去，不肯遗漏掉任何一个细节。终于，在第二个过道中，他发现了一个比指甲盖还小的纸屑，康皓原和刘子轩激动地道："哎呀！就这么小的纸屑，再给一次机会嘛。"检查员不理睬他们的哀求继续检查，又看到一个纸屑，坚定地说："这下必须扣一分

了！"这时，不知是谁在班上喊了句："检查员你口袋里的纸屑可真多！"全班顿时哄笑，检查员也笑了，可笑完后还是说要扣分，最后大步流星地走出门，康皓原和刘子轩也急忙追出去，在教室外与检查员纠缠……

尽管那一分没要回来，但有这么热爱集体的同学们，我很自豪，与他们相处真好！

夏

周天越

不知不觉，春天已经远去，夏天来了。

天气变得越来越温热，太阳在天上散发出它耀眼的光芒，直射大地，人们的着装渐渐成了短袖。

公园里，小路边，瞧过去，一排排树木舒展着粗壮的枝叶，青翠欲滴，在阳光下撑出一片阴凉。夏天的风，吹在林荫道上，树叶摇曳。树上开始响起蝉鸣，蝉鸣在枝叶中交织、凝聚，这便是夏天独有的背景音乐。乐声让树热闹起来了，树下的草显出深绿的色泽，簇拥着，把地铺成了一片的绿，无数的昆虫在草丛中聚会。

傍晚的时候，火红的太阳染红了天边的云霞。日落了，萤火虫发出微弱的光，在夏夜里闪烁。天上，星星稀稀疏疏的，深邃的夜空中，是无尽的奥秘与幻想。三三两两的人们，在公园里散步，停息，凝望着夜空，寄托着他们的憧憬。

6月时的盛夏，是一个拼搏的季节。对于那些青少年的学生，他们许许多多的努力，只是为了能够在一场考试中绽放。即将毕业的学生，盛夏的6月给他们带去了无尽的不舍，也让他们去闯出一片新的天地。

夏天像是一幅画，画上的是美好，是热闹。

夏天像是一首诗，写下的是无数悲欢离合。

夏天像是一首歌，唱出的是华丽的拼搏。

遇　见

于昊挺

马上就要迟到了！

我一路狂奔，希望能及时赶上课外补习班。在一个路口，猛一拐弯，差点儿撞到一对夫妇，我紧急刹车后下意识地回头看看：早上八点的阳光金灿灿地斜照着他们的背影，令人觉得十分温馨。然而，男的挂着一根盲杖，女的则挽着丈夫的另一只手臂，试探着慢慢前行——原来是一对盲人夫妇。我脚上如同生了根一般立在原地，注视着他们金光下慢慢远去的背影，良久，方回首赶路，只觉得心中涌起阵阵悲凉。

又一天，老妈吩咐我去买卤菜，走着走着，又看到那对盲人夫妇迎面走来。两个人手上提着几个花花绿绿的塑料袋，透过袋子，隐约看到里面装着几个西红柿，几根黄瓜还有一棵大白菜。他们手挽着

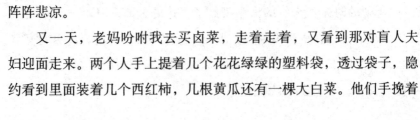

手，借助盲杖慢慢前行，两个人细语交谈着，在他们的脸上你能看到发自内心的笑容。这一次，我没有停下脚步观望，但却感到了一丝欣慰：盲人的生活也能很快乐，多好！

假期的一天，我陪老妈去按摩店推拿，保健室的门轻轻推开，一位盲人师傅小心翼翼地踩着小碎步走了进来，是他！是那对盲人中的男主人！他轻声询问过老妈的情况后就给老妈推拿起来，只见他一会儿用拇指，一会儿用手掌心，一会儿用胳膊肘，一会儿揉，一会儿拍，一会儿按，手法很是娴熟。"对，对，对，就是这里！""嗯，师傅，你的穴位点得太准了！"推拿床上的老妈对师傅赞不绝口，"师傅，你的手艺真好！我找过好多师傅推拿，比较下来你最好，以后不舒服就找你了。"听了老妈的话我真心地为这位熟悉的陌生人感到高兴！

从初次偶遇到再三相遇，我从这对盲人夫妇身上体会了很多：或许你的命运很悲惨，但只要乐观、平淡地面对，你也会慢慢地变得幸福。如果你能更积极、努力、勇敢一些，你就能过上让自己满意的生活，并且获得别人的肯定和尊重。

我期待着和他们的一次次相遇！

大肠包小肠

姜卓馨

"大肠包小肠"，久仰它的大名，于是，我和爸爸来到南京商厦来一探"究竟"。

来到店铺前,用一个词形容——"人山人海"!好不容易排到我们,才看清了它的庐山真面目!

只见老板娘从旁边的烤炉上夹了一根糯米肠、一根香肠和一根墨鱼肠放到切菜板上,整齐地码放好。然后,用刀把糯米肠从中线均匀剖开,再洒上蒜泥、咸菜和细黄瓜条,再把香肠和墨鱼肠分别剖成两份,用夹子把一半香肠和一半墨鱼肠夹在一起,放在剖开的糯米肠里,最后挤上秘制酱,一份大肠包小肠就做好了。

接过大肠包小肠,我咬了一口,哇,真好吃!糯米肠的皮薄如蝉翼,而且已经烤得焦黄香脆,再加上糯米本身的软糯,我早已等不及再去细细品尝,赶紧咬了一口里面的"心",香喷喷的香肠和墨鱼肠,再加上菜和秘制酱,不但不腻,而且还有一种清香夹杂在里面,吃起来别有一番风味!很快,一根大肠包小肠就被我消灭得一干二净了。

不同的地域造就不同的饮食文化,而台湾这一独特的小岛,有许多令人赞不绝口的美食,大肠包小肠的味道至今都令人回味无穷。

拔牙"血泪史"

王群然

我坐在地铁车厢中,用一张又一张的纸擦着嘴,可嘴中的鲜血还是止不住地涌出,一点儿一点儿地滴落……

早上，我随妈妈来到口腔医院，医生让我去四楼拔牙。猛然，脑海中掠过幅幅画面——凶神恶煞的医生，"咔擦"声直响的大钳子……小时候的"悲惨回忆"一幕幕地在脑海中回放，难道今天，将"历史重现"……

　　我在妈妈的催促下一步步地挪到了拔牙的地方。原本慈眉善目的医生在我看来竟"目露寒光"，他在看完我的病历后便让护士送来两管麻醉剂。

　　"躺下，张大嘴，别乱动。"医生板着脸，冷冷地说道。我大气也不敢喘，连忙躺在诊疗椅上，等待暴风雨的来临。医生用镊子夹起消毒棉球，轻轻地在牙龈上擦了几下，随后举起一管注射器，注射器的针管在灯光下寒光闪闪，让人背后"嗖嗖"直冒冷气。还没等我反应过来，就感到口中一阵刺痛。随后，我便感到嘴里有一股液体在流淌，难道……不好！我连忙向漱口台中吐了一口口水——所谓"口水"，吐出来的却是大口大口的鲜血。

　　两次"吐血"过后，麻醉剂的药力开始发作，左半边嘴唇渐渐没有了知觉，医生也挥动钳子，双手同时用力，硬生生却又极为巧妙地将牙齿拔了下来。随即，又有一股火红的鲜血涌到我的嘴里。医生让我用嘴咬着医用棉球便于止血，可如此一来，我的双唇受限，血便从嘴角不断溢出，可又因为麻醉剂药力未退，我丝毫没有察觉血液的流出，甚至惊叹胸前的医用围兜上的一大摊一大摊的血是从哪儿来的。

　　医生在检查完我的伤口确认无误后，叮嘱了一些注意事项，便让我回家了。

　　坐在地铁上的我，用尽了一包又一包的抽纸，尽力想阻挡血液的溢出，无奈麻药药力未退，我对血液从哪儿流出毫无知觉，只能眼睁睁地看着鲜血一滴滴地留下……

最熟悉的眷恋

许雨萌

蒙蒙小雨下的乡村，没有霓虹灯火，只是一片寂静。

雾气笼罩着渐深的夜，皎洁的月光洒落，为不远处的小山镀上了一层银边。

小河的水也静了，只有那轻悄悄的微风，抚过草丛，偶尔传来一声虫鸣。

天空翻出一片淡淡的蓝，微微露出些白，就是那天边的云彩，发出柔和的光辉。旭日东升，又有一片红映在天空。

公鸡啼鸣，映着旷野，嘹亮地响着。各家茅屋升起阵阵炊烟，屋前棚中的家畜也抖擞了精神，开始了一天的劳作。田里的农民多了，路上的行人也渐渐多了，小镇上的集市热闹起来了，蒸馒头的香味挨家挨户地传遍了。于是，手里边攥着硬梆子的小孩子们，也赶趟似的，蹦蹦跳跳地来了。纸风筝，胡风车，弹弹子，吹花片。叫卖声也多了，一声比一声更嘹亮。

小院里有果树，有梧桐，有槐树，有金桂，一年四季都飘着香。小时候最爱婆婆做的糖糖糕，比蜜还甜，配着些香软可口的豆腐脑，真是绝味。

小院后还有一片大竹林，那里的竹子每年都要开花。竹林里有许

多长满着青苔的大石，大石的影儿倒映在水塘中，水塘上架着一座小桥，小桥上有撑着伞慢慢走过的人们。院里还有一口泉井。在炎热的夏日，总爱凑在井口，让井底冒出的丝丝凉雾润湿自己的衣裳，好不爽快！

在屋落旁是一大片的田地，公公婆婆锄地时，我也跟着锄。小时候力气小，可偏要拿大锄头锄，哪还是锄地呢？往往总是把刚种下的小白菜一并锄掉，留着满地的野草，还把萝卜一脚踹飞了。

邻居家的小伙伴，也不大几岁，于是常在一起玩。每逢元旦佳节，总爱成群结队地去猜灯谜，逛庙会，看台戏。那时候猜对了灯谜得到的奖品，也就是几颗花生糖或是一小把好吃的脆小米，我们乐得东跑西跑。我和其他的小孩子一起端着碗，问婆婆要来又大又白的汤圆儿。汤圆里包着芝麻的陷，不腻口，还甜甜的。吃完汤圆，我们又提着大红灯笼跑开了，往往是三三两两地去看自己喜欢的东西。我最爱庙中的不倒翁套娃，还有吹糖人。那吹糖人的老爷爷，他用大竹签粘上糖稀，用手捏出一个糖人的模样，再鼓着腮帮朝那留着的小孔里猛吹一口气，那糖人便做成了，惟妙惟肖的。我只尝过一次，后来竟忘了是什么滋味了。看完糖人，我们又去看台戏了，小孩子们个头小，一钻进人群就拼命往里头挤，最后挤到舞台中央去了，那台戏投下的影子，忽大忽小，忽明忽暗，好玩极了，于是我们又去踩影子了。

家乡带给我许多美好的回忆，在成长的过程中我总忆起那段无忧无虑、快乐的时光，在这个质朴的小村庄里，留下过我的欢笑，到现在我还眷恋着家乡那最熟悉的味道，还有那一串风铃般的欢笑声。

餐桌前的一家人

赵睿洋

今天中午十一点三十分的时候，厨房里传来奶奶洪亮的声音："开饭喽，开饭喽！"我立即放下手里的活儿，跑进厨房一看，哇，好多菜呀！有红烧羊肉、油焖大虾、西兰花炒肉丝、萝卜排骨汤……我赶忙帮着奶奶端菜，把菜放在餐桌上，爸爸妈妈也来帮着盛米饭，拿筷子，布置餐桌。只有爷爷还舍不得关掉电视机，奶奶催了好几遍，他才依依不舍地从客厅走进餐厅。

一家人围着餐桌坐定之后，大家便动起筷子来。因为我这几天喉咙不舒服，总是不停地咳嗽，所以妈妈一开吃就夹了好几筷子萝卜给我，说："这个是清热解毒止咳化痰的，奶奶特意为你烧的，你要多吃点儿，有助于缓解喉咙痛的。"我接过萝卜便大口大口地吃起来。可能是由于心理作用吧，刚吃下去就觉得喉咙舒服多了。

这时候，爷爷突然发现妈妈面前高高的汤锅可能会挡住其他的菜，便想调一下，把汤锅放到自己面前来。妈妈一见，连忙摆手，说："这锅就是我自己放在面前的，一点儿也不碍事，放您那里，您会不方便夹菜的。我胳膊长，能够得着。"说着，便演示着夹了一大筷子菜吃了起来。

爸爸这个时候不动声色地从装有红烧羊肉的碗里，夹了一块"巨

无霸"放到了妈妈碗里，说："你平时不怎么吃肉的，今天有这么好的羊肉，你要多吃几块。"说着，又夹了几块给妈妈。我一看，讨好妈妈的机会来了，赶忙接着爸爸的话说："就是，就是，你看你那么瘦，就是要多吃肉嘛！"妈妈笑呵呵地挥挥手说，"好了好了，够了够了，我吃不了这么多，你们也吃啊！"

餐桌前的一家，人人都习惯性地努力照顾别人，为别人着想，那么自然，那么温暖，我爱我的家！

我的好闺密

唐天蔚

我上三年级的时候，有个特别要好的闺密，她的名字叫吴叶南。

说起来，我和她挺有缘的。我们有相同的爱好，我们都爱画漫画，看小说，我们喜欢同一个明星，就连那时候的社团课我俩报的都是同一个。

吴叶南对班上每个同学都很好，她对谁都笑吟吟的，班上其他人也都挺喜欢她的。她很大方，还记得有一年儿童节，她主动为班级写主持稿，并当主持人。

吴叶南在班上有求必应。女生们喜欢动漫，更想画动漫。吴叶南是我们班的"凡·高"，女生们都求她帮忙画，她从不拒绝，唰唰几笔，一个动漫人物就活灵活现了。

吴叶南对我特别好，有一件小事，虽然很普通，却让我印象特别深刻。那一年放假，吴叶南去了景德镇，她回来后，拿来了一个小巧可爱的风铃，是晴天娃娃的样子。"送给你！"她微笑着把晴天娃娃递给我。我看着那只微笑着的晴天娃娃，心里很是温暖。那只晴天娃娃的笑脸，就像吴叶南的笑脸；晴天娃娃发出清脆的声音，就像吴叶南甜美的声音。每当看到晴天娃娃时，我都特别特别地想念从前和吴叶南相处的日子。

后来我转学了，可是有一件事，我特别地对不起吴叶南。我们订了同一种杂志，杂志社发得有问题，每次只有一本。而每次发杂志的同学都把杂志给我。有一次，吴叶南拿了那本杂志，我很生气，想要过来，便和她吵了起来。现在想起来，我很懊悔，为了一本杂志和最好的朋友吵了起来。而吴叶南又是如此大方，自己拿不到杂志却从没有和我吵，问我要。

亲爱的吴叶南，你知道我有多么想你吗？

身后的依靠

项昱然

五年级的一次秋游，学校举行了一场父子之间的登山活动，因为父亲有事在身，所以很遗憾没有亲自体验这项活动。

我站在赛道旁边，看着一对对父子，雄赳赳气昂昂地出发了。有的儿子跑得飞快，把大腹便便的爸爸远远落在了身后；有的爸爸和孩子手拉着手一同进退；还有的儿子才走了几步就累得不成样子，被爸爸又拉又扯。到了山脚下，父子们整装待发，摩拳擦掌。等到出发的口令一发，父子们便一个个冲了出去。先前没有耗费多大精力的父子爬得很快，几乎没有停歇，稳扎稳打；先前跑得太快的孩子精力已经不多，早就没有力气爬山，只好和体力不佳的父亲慢慢往上蹭；还有的就是孩子在前面，父亲在后面推着走的情景。

看着他们爬山，我不禁回忆起与父亲爬山的一次经历。记得那天，我和父亲走野路上山，因为山坡又陡又险，所以有好几处地方我都不敢爬。爸爸就在身后推着我往前走。有了爸爸在我背后撑着，我的信心顿时增了许多，一鼓作气，爬了上去。每当我迈出一步，父亲都会鼓励我，纵使后面有更陡的坡，我也敢往前冲了。当我爬过所有险坡，再往下看那些阻挠我的岩石，心中便会无比的骄傲和自豪，这和爸爸给我的有力支撑是分不开的。

我从记忆中回来，再看向那些正在爬山的父子们，他们之间的每一个举动：相互拉一下，从背后推一把，互相递一瓶水……这都是父子之间的爱呀！

077

这次登山活动的重点不是谁获得了名次，赢得了什么奖品，而是在父子之间不会再有任何的隔阂，家人之间的亲情加深了呀！

像紫茉莉一样活着

冉宸宇

每一次我下楼遛狗时，总会去小区的角落里看一看我种的那丛紫茉莉，看到它们的茎已经有手指粗，心中便满是兴奋和欣喜。

　　一次出游，我带着小狗拉拉信步走在公园的路上，不时停下来看看花草。突然，拉拉跳进了一旁的花丛中，一些花被压倒了，随即弹回来，两个黑色的东西弹到了我的脸上。我捡起来一看，是两颗地雷一样的花种子，再向花丛中定神一看，才发现花丛中到处都是这样的小"地雷"，有的还是青绿色的，有的是半黑半绿，也有全黑的。妈妈说这种花俗称地雷花，学名叫紫茉莉，特别好养。我端详了一会儿，发现它虽叫紫茉莉，却和茉莉花不一样，它的花瓣连在一起，花尾部较长，像是瘦身的喇叭花。一株花能占到一米见方的地方，一棵花树上就有近百粒种子，不由得为它的繁殖速度而惊讶。网上说它的根和叶可以治上火，活血化瘀呢！既然好种，不如我也种一点儿吧！于是我摘下几粒种子放进了口袋。

　　这些种子还真顽强，我本怕它们长不出来，就多种了几颗，结果全都长出来了，把其他花的位置都挤占了。等我们在绿茵丛中发现它们时，它们已经很粗壮了。妈妈见它们占了太多的位置，就折去了几棵花茎。

　　一段时间后，折掉的紫茉莉又从根旁边长出一根茎来，有的没被完全折断的茎，只有一点儿连着，硬是拼命地开出了紫色的小花，只是比正常的小些，甚至还结出果实。留下的几棵结出的种子太多，没有全收起来，第二年它们竟又长出来了十几棵苗，太多了，我们不得不把它们移栽到小区的一个角落里，好让它们自由地生长。

　　紫茉莉就是这样不引人注目，平静而有蓬勃地绽放自己的生命，顽强地拼搏着，因为每一朵美丽的花都将是新的一代。

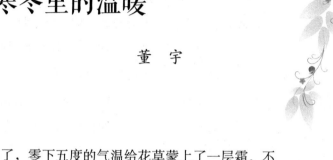

寒冬里的温暖

董　宇

南京的第一场雪来了，零下五度的气温给花草蒙上了一层霜。不知不觉，已是晚上八点了，我赶紧走进一家面条店去吃晚饭。

面馆里已基本没有人了，只有几个青年在刷着手机。见我走进面馆，本已准备脱下围裙回去休息的老板重又打理好衣服，笑着走了过来，热情地迎上来招呼道："小伙子吃面啊！"我满足地吸了一口暖气，又惬意地打了一个嗝，说道："来一碗红烧牛肉面。"

我选择了最靠近空调的一张桌子，坐下来拼命地搓着手，一边打呵欠，一边漫无目的地四处乱看。突然，老板端着壶茶走了过来，笑着说："喝点儿水吧，小伙子。"我先是诧异，后来看到老板真诚的目光后，便会意地点了点头，道了声："谢谢"。果然，一杯茶下肚，我就不再有寒意了。

不大工夫，面条端了上来，碗外凝结的水珠一滴滴地落了下来。我迫不及待地端起碗，老板笑着说："慢点儿慢点儿，小心烫！"我却顾不上这些，擦一擦手，立即抄起了筷子，饿狼似地吃了起来。等我吃掉最后一根面条时，一看碗外的雾气还未散尽。

"再加点儿吧，小伙子，不收钱的！"我不假思索便点头同意了。趁着老板去煮面的功夫，我准备拿钱付账。可是我怎么也找不到钱包了。我一下子就呆住了，回暖的身子又发起抖来。屋外，北风呼啸，忽然，一阵疾风吹过，吹开了店门，打在了我的脸上，让我猝不及防，险些摔下椅子。"当"一声清脆的铁勺响，老板又把面端了上来。与之前不同的是，这次我一直盯着面条难以下咽。时间一分一秒地过去了，我的心颤动得更厉害了。老板仿佛看出了哪里不对劲儿。

"怎么了？"他关切地问道。我假装没听见。"怎么了？"他第二次问道。我依然保持沉默，老板不再问，而是坐在那里思考了起来。突然，他两手一拍，问道："你是不是没带钱？"我不好意思地点了点头。"这有什么大不了的，你们学生也挺辛苦，这次就算我请客了。"我感激地望着他，就像被洪水肆虐的人们看到挪亚方舟一样。"谢谢！谢谢……"我似乎已不知道该如何表达感激之情，最后才想起来说了一句："我一定会来还钱的。""这都不重要，快吃，不然面条凉了。"老板笑着说。我又狼吞虎咽起来，末了，还打了一个响亮的饱嗝。

　　"再见。""再见。"我走出面馆。奇怪的是，风好像突然停了。回头望去，一排冰冷刺眼的白光中，有一间房子却散发着柔和温暖的黄光。

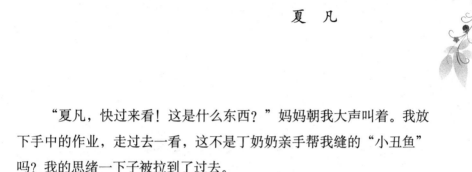

"小丑鱼"的陪伴

夏　凡

　　"夏凡，快过来看！这是什么东西？"妈妈朝我大声叫着。我放下手中的作业，走过去一看，这不是丁奶奶亲手帮我缝的"小丑鱼"吗？我的思绪一下子被拉到了过去。

　　丁奶奶是我童年时的保姆，我童年的记忆里好像只有她的身影。

　　小时候，我被一部动画片迷得入迷，而且特别喜欢里面的一只小鱼，便找了丁奶奶，央求她帮我缝一个。丁奶奶翻箱倒柜地找出了一些棉花，一块红布，一卷红线，便开始缝了。

081

　　黄色暖暖的灯光下，丁奶奶仔细地帮我缝着玩具。老花镜一次次地往下掉，落到鼻尖上。一缕银发在不知觉中垂下，遮住了她沧桑的脸颊。也许是因为老了的缘故吧，她左手拿着针的一头，右手拿着线，可线怎么也穿不过去。丁奶奶好像有一点儿急了，针都不小心扎到了手指里，一滴鲜红的血冒了出来，她全然不顾，一心只缝小玩具。在她的努力下，终于把鱼形玩具缝好了。因为这条小鱼不怎么好看，所以我亲切地给它取名为"小丑鱼"。

　　我最爱荡秋千，可又不想离开"小丑鱼"，所以小时候丁奶奶常常把"小丑鱼"塞进我的衣服里，让我抱着"小丑鱼"荡秋千。我揣得鼓鼓的坐在秋千上，双脚用力一蹬地面，再一蹬，秋千就荡了起来。秋千达到最高点时，感觉自己好像飞起来了呢！看看揣在怀里的"小丑鱼"，看看在树荫下乘凉的丁奶奶笑眯眯地看着我，不知为何，我心里有一种安全感。

我十分怕黑，每天晚上都会带着"小丑鱼"一起睡觉。窗外的黑夜无边无际，一阵子冷风吹来，把窗外的风铃吹得"叮叮"响。但现在我已经不害怕了，因为我有"小丑鱼"的陪伴。

"小丑鱼"的陪伴让我不再孤单，丁奶奶的陪伴也让我度过了寂寞的童年。

人生没有失败

周尧尧

082

俗话说得好，打虎亲兄弟，上阵父子兵。11月9日，学校利用秋游活动的契机，组织了一场亲子运动型智力亲子活动——珍珠泉赛跑。活动前夕，同学们纷纷踊跃报名，我也参与其中。

随着裁判员一声令下，比赛开始了！我立刻像一只离弦的箭一般飞奔了出去，我的脚不断地在赛道上点着，健步如飞，就像蜻蜓点水一般。这只脚还没落地，另一只脚便抬了起来，宛如在使轻功一般。这时，赛道两边，同学们围起一堵厚厚的人墙，大家不断地高喊："加油！加油！"这使我信心大增，心中只有一个念头：一定要拿冠军！我加快了步伐，像一股飚风掠过赛道，只剩下父亲在后面大声地喊："跑慢点儿！节省体力啊！"我正在兴头上呢，哪听得进去？还

是依旧飞奔在赛道上。道路两旁栽着一棵棵高大茂盛的树木，还有一棵棵矮树丛，树丛里还藏着一朵朵五颜六色的小花。霎时间，我觉得所有的花草树木都在为我鼓劲儿加油，我顿时来劲儿了，双腿不断地向前用力迈步，双臂加速在身体两侧摆动，一股劲儿跑到了最前面，我越跑越起劲儿，仿佛背后有一股强大的力量推着我，一边跑还一边哼起了歌。

由于用力过猛，一向缺乏锻炼的我刚跑了一小段路程，就气喘吁吁了。体力不支的我渐渐地放慢了速度，身上似乎一点儿力气都没有了，眼睁睁地看着一个又一个人超过了我，我想追上他们，可腿就是使不上劲儿，怎么跑都跑不快，总有一股力量在阻止着我前进。我懊恼极了，抱怨自己怎么这么没用，竟在半路上走了起来。父亲追上我了，他一步步稳稳当当地跑着，似乎毫不费力，父亲向我招手喊道："快跑啊！说好了拿冠军的呢！不能半途而废啊！"我只好勉为其难地硬撑着迈着步子，可是不知今天这腿怎么突然变得如此沉重，我咬咬牙继续跑，不久，我就上气不接下气了，腿有些发软，再迈一下脚仿佛被千斤坠着，不愿迈步。

正值正午，太阳尽情地炫耀自己的光彩，阳光照在我的身上，微风也躲了起来，好像都要和我作对，汗珠从脸颊上划过，瓶中的水也所剩无几，真是雪上加霜。父亲见我渐渐撑不住了，陪着我在路边坐了下来，父亲对我说："长跑讲究在跑的过程中要匀速，在开始时，猛冲肯定是不对的。注意呼吸，两步一呼，两步一吸。做任何事都要学会坚持，记住，除了放弃以外，人生没有失败！"受到父亲的鼓励，筋疲力尽的我重拾信心，我和父亲互相搀扶，互相加油，心中只有一个念头：除了放弃以外，人生没有失败！小树沙沙响，好像在为我鼓掌；小鸟喳喳地叫着，好像在为我加油。我的脸涨红了，不停地喘着粗气，腿在发软，但我不停歇，艰难地挪动着每一步。

渐渐地，渐渐地，终点越来越近了，我和父亲一起往前跑，胜利就在眼前，每一步都是新的挑战，新的胜利，每一个脚印上都留下了我拼搏的汗水。我一鼓作气跑到了终点，即使没有名次，我也毫不失望，因为我战胜了自己！这次亲子长跑比赛，使我收获颇多，正如父亲所说的一样：除了放弃以外，人生没有失败！

走过圆明园

易 末

是无意间走过圆明园，才读出了落日的感慨；是无意间走进福海，才第一次读懂了苍生落寞。所以，从北京许多熙熙攘攘的闹市中挣脱出来后，我偏爱西郊这一方因失血而苍白的土地。

多少年来，圆明园的断柱和它的阴影，像一枚过时的书签，夹在北京城日渐繁华的图卷里。而忙忙碌碌的北京人，却越来越顾不上去翻阅那逝去的章节。只有节假日才把圆明园当作一个风景点，或是参观灯会，或是逛逛食品街，或是只是为游览而游览。

所幸的是，如果在傍晚从圆明园的偏门进去，还是能领略到很多意境的。尤其在深秋季节，沿着园中悠长的小径，走入自己营造的那份伤感的氛围。远处犬吠声声，近处秋草瑟瑟，苍石上布满青苔，老树的脸上面无表情，散落的几间旧屋也不肯修剪边幅，任衰草在屋檐上飘摇；那些脉管再接不上充满生机的叶子，幽幽地诉说着风的背景。走在福海边，极目所触的那一带远山，身沐夕阳的余晖，渐渐地在视线中朦胧。周围早已少见人迹，似乎所有声音此时都像鸟一样扑

棱棱地远去，只有湖面上轻轻的涟漪还在荡着生命的呼吸。

面对历史，面对消亡，我又仿佛看到了生存的伟大。最纯粹的青春，开始生长着无法表达的企盼。愿不再看见昨天拍着今天的肩膀为世人提醒，愿走远了的历史不再担心地回眸张望。这样，在叶落处就必有新生的奋起；这样，那一天的那一幕就永远不会重演。

我走出了圆明园，忽然觉得天好大，地好宽，空气好清新，而胸中也不再拒绝街道上的嘈杂。经过一次洗礼，才知道生命原本可以有许多不同的解释，或壮烈，或寂寞，而未来无数个没有预期的日子里，我将记起这个充满诗意的黄昏。

当我再次走过圆明园，我的心仍然偏爱北京西郊的这方土地。只愿有一天能重塑一个新的信念——为春之晨吐出馥郁的芳馨，带着阳光的微笑，走出圆明园。

085

杂 花 叹

欣 田

红尘三千墨，不如卷上繁花皆凉薄，一字一成酌。

南博的空气里散发出一种历史的沉香，这种极富东方神秘美丽的气质，使那惊鸿的一瞥有了依托。长长的纸卷上，是似乎杂乱无章、信手涂抹的浓浅墨迹，但杂乱书卷后透露出的流畅和美感，令我不禁呆在原地，一时间竟不知如何是好。

《杂花图卷》在十余米的长卷中，以淋漓酣畅的焦墨、浓墨、积墨等多种技法，描绘了牡丹、石榴、荷花、梧桐、菊花、南瓜、扁豆、紫薇、紫藤、芭蕉、梅、竹、兰等共计十三种花卉蔬果。用笔恣意纵横，墨笔酣畅淋漓，一气呵成又高潮迭起，仿佛用画笔奏响了一曲交响乐般波澜起伏的宏大乐章。率性而为的画卷，也使得画家卓绝的艺术天才和激烈狂放的情感显露无遗。

画卷极强的表现欲，非理性的智慧，达到了最高的层次。那种令你心跳骤然加速，精神极度亢奋的本真，令人沉醉其中，使它周遭所谓"优雅温和"的画作都相形见绌。

如此千古之作，也难怪谢稚柳先生看后直赞"天下第一徐青藤"。

"徐青藤"就是徐渭，字文清，号青藤老人，明代杰出的画家、书法家和戏剧家，是一位天才的悲剧性艺术家。他因为庶出而遭受百般凌辱，科考屡试不中，曾自杀九次未遂，入狱很长时间。徐渭生年生活贫苦，死时仅有一狗相伴，床上连一铺席子都没有。这位与凡·高有着相似命运的天赋过人之人，生活中极为偏激，以至于四处与人交恶，惨死家中。

再回首看向《杂花卷图》，心中不禁一阵感慨，这幅画，也透出徐渭身上所有的侠义与偏执、才华与顽固，真乃画中有人，人中有画啊！艺术的奇特与悲剧，交融在一起，成了独一无二的徐渭，独一无二的《杂花卷图》！

尘世三千繁华，我且与酒拜桃花，任尔金玉琳琅良驹成双，不敌我眉间红豆朱砂。

我和鱼儿有个约会

紫　琪

回想这周，我天天都在与鱼为伴，周一吃鲈鱼，周二吃鱼丸，周三吃煎鱼饼。周四生物老师说要用鱼刺做实验，于是，我又要和鱼打交道了。

由于今天我完成作业较早，妈妈打算让我体验一下生活，哈！就是想让我亲自动手去解决那条鱼。这是我第一次杀鱼，心里还是有点儿紧张的。

鳊鱼有点儿大，皮肤滑溜溜的，话说回来，我和鱼儿的"约会"可不止这一次哟！为什么不止这一次呢，因为在这之前，我已经被鱼刺卡了几次了。最严重的一次去医院时，被拔了一根刺出来，一直疼了一个星期才好。

唉！往事不堪回首。鱼呢！还是得杀。

爸爸在一旁歪着头看我，眼神里充满了善意的讽刺。我回头看了看妈妈，她正在漫不经心地盯着手机。窗外，行人们不顾大风匆匆走过，仿佛都没有关心我的存在。

"难道真的没有人关心这历史性的一刻吗？这可是我第一次杀鱼啊！"我小声地嘀咕道，可是我还是下不去手，只要我闭上眼，满脑子全是鱼的白花花的内脏，我还仿佛闻到了鱼的腥味儿。甚至看见鱼在摇尾乞求我放过它。

"琪琪啊，鱼杀好了吗？""还没有杀呢。"面对着奶奶的提问，我支支吾吾地哼了一声。"你看看你哟，做点儿事情，磨叽死了，白刀下去，红刀出来，它不就死了吗？""算了算了，还是我来吧"爸爸放下手机，从我的手上接过"屠刀"，抓起一条鳊鱼就"扑通"地往地上一扔，鱼就口吐白沫了。白刀下去，红刀出来，内脏瞬间就被掏空了。去鱼鳃，五分钟不到的时间，鱼已经杀完了。我目瞪口呆地站在原地，惊得一时说不出话来，爸爸的速度真快呀，我什么时候也能像他一样就好了。

时间飞逝，我现在已经学会杀鱼了，而且比爸爸还要好。学习也是这样，第一次尝试某道题目时，可能会纠结，但是，我们需要果断地做出决定，勇敢地迈出第一步，并多加练习，就能熟能生巧。

088

九十九间半

凌　霄

有一处古老的民宅，坐落在南京城的一隅，如同一位慈祥的老人，向周围的高楼大厦诉说着它的故事。不错，它就是有"九十九间半"之称的甘熙故居。

甘熙故居又名甘家大院，其"大"只有你亲自走进去才能体验到。据说，这处民居从嘉庆年间就有了，由甘熙的父亲修建，至今仍保存完整。至于"九十九间半"这个名字，甚是有讲究。久闻故宫称

"九千九百九十九间半"，孔府换作"九百九十九间半"。因为九是阳数中最大的数，但一到了十就太过完美，到了头了。中国人都图个吉利，自然不希望自己到头了。同时，这房子的数量也不能多过皇宫和官府，只能叫"九十九间半"。当然，这不过是谦称，实际上有一百多间屋子。

继续往里走，你就会发现，不论往哪里走都是院子，很容易记不清方向，真是捉迷藏的好地方。这些黑瓦白墙的建筑，流露出浓浓的古味儿。跨过一个又一个门槛，就步入了一间独特的屋子，里面展示了旧时南京的婚嫁习俗。从纳采到亲迎，共有"六礼"，看起来烦琐，却不乏南京的风土人情。墙上挂着的云锦嫁衣和一旁的红色花轿更是别有情趣。

最有意思的还在更深处，一间小房子里挂着各类的小玩意儿。四位老人——或是称之为传统文化的传承人们，正坐在自己的小铺子里制作着精美绝伦的工艺品。其中一位老人正在拿着一块打磨好的木头雕刻，聚精会神，即便他手里的宝贝尚未完工，瞧见桌面上摆满的木雕，也能知道他的技艺之高超。在他的对面，一位老人正在摆弄自己的"宝葫芦"，葫芦表面都由他亲手画上精美的花纹，活灵活现，造型各异。除了这些，还有空竹、剪纸、绒花、秦淮彩灯等手艺。绒花艺术甚是令人叹为观止。就在这十平方米的小屋里，各种叫不上名的花齐聚一堂，这里也仿佛成了花的海洋，显得熠熠生辉。听说做一朵手掌大小的花，至少得花两三天工夫。看着艺人一点点制作的身影，我深深地被那顶红艳的凤冠震撼，这里只有游客们的目瞪口呆，一切仿佛就是民间艺人们的宁静世界。

走出传承人表演区，还能领略到老南京人的市井生活。舞龙、白局、云锦等都一一呈现在我们眼前，只可惜，前来参观的人甚少。

走在复原的南京老街，嗅着砖墙的古老气息，我迷失在了这处神秘的宅院……

老家的猫

姜宇翔

去年夏天，我在老家大门口找到了一窝小猫。都是些刚出生的"婴儿猫"，连眼睛还没有睁开呢！这还是我第一次见到这么小的猫。它们长着稀疏的毛，有着一对肿胀的眼眶，尾巴直直短短的，正着急地在被阳光晒得滚烫的地面上胡乱地爬着呢！它们着急地找着妈妈，"喵——喵——"地叫着。虽然声音不大，但是敏感的猫妈妈立刻就奔了过来，用猫那独有的冷冰冰的眼光注视着我，仿佛是在警告我不要接近她的孩子。

后来的几天，这几只"婴儿猫"又在窝外爬来爬去。我很想去逗逗它们，可是听妈妈说，如果小猫沾染上人的气味，母猫便会丢弃它们，所以我只能远远地观察它们。

可令我没有想到的是，这个冬天，我竟然又见到了那些小猫。

寒假，我一到老家，就去门口寻找小动物。老家的墙外面堆放着许多柴火，为了防潮，在柴火上还铺了一层塑料布，当时我就是在塑料布上发现了一只小猫。阳光不错，正好晒到塑料布上，这只小猫便悠闲地躺在上面，眯着眼睛，尽情地享受着阳光的沐浴和这安静的氛围。我悄悄地靠近它，学了一声狗叫。本以为它会吓得毛发竖立，一溜烟跑走，可没想到这只猫只是半睁不睁地睁开了一只眼，抛给我一

个轻蔑的眼神，然后又若无其事地闭上了眼睛，令我哭笑不得。这只猫身上有些棕黄色的斑纹，其余地方全是白色的，体型也不大，看样子是只小猫，貌似有点儿眼熟。我决定喂它点儿吃的，便转身回厨房拿了一个鸭腿，一边啃，一边撕下点儿喂它。

猫可机灵着呢，都不用人唤，一看到食物来了，自觉地就来吃食了。只见这只小猫后腿一蹬，轻巧地落到了地上，走到我面前，二话不说就吃起了地上的肉，喉咙里还不时发出"咕噜噜"的声音。很快，这片肉就被它消灭了。也许它从来没吃过鸭子吧，它抬起头，眼神直勾勾地望着我手里的鸭腿，用一副乞求般的声音叫了一声，似乎还想再吃一块。"好吧好吧，再给你一块肉。"我说着撕下一块肉扔给了它，眼神不注意地望向远方。待我再次低下头来看时，脚边竟又围上来三只猫。一只黑白相间，一只纯白，另一只白色的身上带有黑色和棕色的斑块，也都是些小猫，看样子和之前的那一只是一家的。

我将鸭腿分成三份，一只猫一份，以示公平。只见那只黑白相间的猫最机灵，叼着肉就跑到墙角，小心翼翼地观察四周后，才放心地享用这道"大餐"，生怕被人抢了去似的。而那只白色的小猫却一副病态的样子，慢吞吞地爬到鸭肉面前，缓缓地吃起来，仿佛一点儿都不稀罕。

我回到厨房，问奶奶这几只小猫是哪儿来的。她告诉我它们就是去年夏天的那窝刚出生的小猫，我一下子感慨万千，就如同《偷影子的人》中所写："童年时的小女孩儿，今日蜕变成了女人，一段青梅竹马的回忆，一个时间之神没有应允的愿望。"这些猫也从当初刚出生的小猫，长到了现在这般大小。

时间，它不会停下来，也不可能停下来，它只会风雨无阻地前进。最好的方法，就是将你遇到的人和物都铭记在心，以至于再相遇时，不会虚度了光阴。

窗明几净

王 蔷

"对，早上八点。"妈妈在电话里答道。

眼下就要过年了，妈妈打算请个钟点工来擦擦窗户，二十五元一小时。前一天晚上，那个钟点工就打电话来问清了情况。

第二天早上，钟点工并没有如约到来。十分钟后，门才被轻轻地敲响。那是一个身材高挑的年轻人，穿的很简单，带着一堆工具，小心翼翼地进了门，说话还带着方言。

"不好意思，来晚了。"他不住地道歉，一边说一边脱下厚重的黑色羽绒服，里面的衣服也不多，一件廉价的蓝色毛衣，看起来很单薄。他娴熟地穿上围裙，提着水桶准备开始干活。

他的话不多，除了问清要擦哪些窗户，一直没有作声。他打开阳台的窗户，伸出头，把工具放在窗户外侧，踩着板凳。一点儿一点儿地擦，一遍又一遍，来回换水，水桶里的污水也不知倒过多少次。他是那样地认真，弯着腰，把眼睛凑上去看，生怕遗漏了一点儿灰尘。阳光透进窗内，窗明几净。

很快四个小时便匆匆过去，那年轻人正努力够着他擦不到的地方，看起来似乎有些危险。

"没事，那里不擦也无所谓。"妈妈有点儿担心。妈妈又接连劝说了几次，他才收手。

再一看钟面，已经十二点半了，他有些慌忙——窗户还没有擦完。

"要不先来吃饭吧，正好一起，吃完再擦一下小房间的两扇窗户，我再多算你一小时。"妈妈从厨房走出来。留擦窗户的人吃饭，是我们家每年的惯例。

"不，不用了，两点半还有另一家等着我。"年轻人略显不好意思。说完，又提起水桶进了房间。

妈妈很坚持："没事，反正你也要吃饭，我给你多盛一碗饭就是了。不吃我可不让你走，再说两点半还早呢。你要觉得迟，一会儿我开车送你到下一家。"

那年轻人见几次推脱都没办法，只好答应："谢谢阿姨了。"随后，更加卖力地干活。

好不容易结束了工作，他洗干净手，轻轻拿起筷子。

"听公司说你是大学生，你是学什么专业的？"

"平面设计。"

妈妈挑了个鸡腿到他碗里："工资不高吧？三千有吗？"

"实习生只有两千多。"

"那是不够，再加上租房子什么的，真挺辛苦的，你怎么来的啊？"

"骑自行车过来的，坐地铁还要换乘公交，太麻烦。早晨我六点多就起来，一个多小时骑过来，没想到还是迟到了。"他想起来，又解释了一下。

我本以为他是个不守时的年轻人，可现在，我宽恕了他。

"谢谢阿姨！"他郑重地接过自己的工钱，迅速套上外套，带上工具，轻轻关上门，告别了我们。

阳光灿烂极了，落进屋内。他匆匆地来，又轻轻地离开，只留下一片窗明几净。

我的心，也蓦地亮了。

那 棵 树

林 晓

每当推开那扇早已生锈的小铁门，"嘎吱"一声，便能瞧见那棵树了。

这是一棵特别的树。它直挺挺地站在那里，不曾想，一站就是几十年。

五六年前，当我还是个孩童，这树便俨然是个"巨人"了，至少有四五米那么高。苍劲的树干向四周发散，倚着间隔的砖墙，撑出一大片绿荫。树叶也一层盖着一层，郁郁葱葱，轻轻拍打着屋顶的黑色瓦片，极少有低垂下来的细枝。我总爱在树下使劲儿蹦跳，固执地想要摸到最低的树枝，尽管总是以失败告终。但只要一到柿子成熟的季节，情形就不一样了。爷爷翻出梯子，在树下一架，头顶的红柿子便"手到擒来"。我站在树下，绕着树干转来转去，一边咽口水一边数着篮子里柿子的个数。只觉得那树同爷爷一样，是高大的，却又是最亲切的。这些柿子虽没有外面卖的看相好，但在那一刻，柿子被送入口中，可口无比，香甜激发了我的味蕾，迫使我不停地吃下一口。我们都不住地夸上两句，"这柿子真好吃"，"这柿子又大又甜"。爷爷更是赞不绝口，仿佛是故意说给柿子树听的，望他来年还能结出这么好的果。

我深信不疑，这就是一棵特别的树。

多年前便是如此。爷爷亲手栽下树，眼看他一点儿一点儿长高、长大，很快结出柿子，在小镇上小有名气。一到成熟的时候，邻居就来敲门了，都想买几个尝尝鲜，然后也夸上几句"这柿子真好吃"。从爸爸的童年到我的童年，他似乎已经见证了两代人的成长，却依然挺立。纵使李子树枯了，枇杷树不再结果了，他还在那里。日复一日，年复一年。顿时我觉得爷爷又伟大了几分，柿子树又特别了几分。

转眼又是一个冬天，雪还未曾落下，我同父母回老家看望爷爷。我又去拜访那位柿子树老先生了。时光荏苒，他变得更加和蔼，更加年迈了，他安详地凝视着这个小镇子。抬头一望，竟发现还有残留的红透了的柿子，再一问爷爷怎么还没有摘掉它们，爷爷笑了笑，给了我一个意想不到的答案：要留给过冬的麻雀，反正摘得也够多了。

如今，我已长大，只用踮起脚尖就能触碰到柿子树斜伸过来的树枝。他的颜色也愈发深了起来，树皮也不那么完整了。

095

夕阳下的一声告别，便只留下柿子树和爷爷的背影。慢慢地等待着，等待着时光的戛然而止……

端面大赛里的爱

林琳娜

记得那天是星期天，大姨、二姨和我家几户人家照例在外婆家聚会。还没到午饭时间，我的肚子就"咕咕"响了。

　　正当我饿得饥肠辘辘时，外婆叫我们几个"馋虫"去端面。于是呢，我们开了个端面大赛，看谁不滴不洒，端得稳走得快。表姐自告奋勇，开了个"头炮"，她十分顺利的过关了。轮到我了，我早想好了主意。所以我信心十足地走到碗旁，端起面，吹了一下碗口，"咝"的一声，喝了一大口汤。正当我得意地向前走时，哪知地上有一些水，我被滑倒了。"哎呦……"我跌了一个大跟头，四脚朝天。这一摔不要紧，可那一大碗面去哪儿了呢？突然一声巨响，只见一大碗面从天而降砸在地上，我也被那锋利的碗的碎片割破了手指头……全家人惊呼起来，妈妈看见了，赶紧捏住伤口，抱着我去外婆家附近的诊所。终于排到我了，医生看了看说"：其它地方没什么大碍，伤口只要涂些药，包扎一下，几天就好了"。听了这话，妈妈才放心地松了口气。我们拿好药。妈妈怕我走的时候被东西绊倒，于是，就背着我步行回家。靠在妈妈的背上，我看到妈妈的额头一直在冒汗，身上不断有热气冒出来。那时是冬天呀！我知道，妈妈是为我担心而冒汗的。

　　我真想对妈妈说一声"我爱您，妈妈！"

那年，那汤圆铺

　　汤圆铺上永远整整齐齐地放着汤圆，像一个个大胖小子一样，端端正正地坐在那儿，阳光的照耀下，还镶着金边。我看着心痒痒的，偷偷摸摸伸出手，拿到汤圆后又赶忙缩回来，一溜烟儿跑走了。将手中的汤圆捏成小兔子、海星……那是我孩提时代的无限乐趣。

寻找快乐

汪　翰

小时候，常常听一个故事：国王想要寻找快乐，于是他命人去找，可是谁也找不到快乐……

冬天，刺骨的寒风呼呼地吹着，大地似乎也经不起这冷风，瘦骨嶙峋的树枝像老人一般被吹得左右晃动。我外出慢慢地散步，蓦地，墙上一副鲜亮的红色的画吸引住了我的视线，上面画满了祖国的大好风光，我沿着这一头慢慢往那一头走。在中间，我看到一名工人拿着颜料，画着戴红领巾的少先队员。

这个工人衣着轻便，戴着围裙，围裙上面有红红绿绿的颜色，头发随意地扎在后面，拿着画笔在那思考怎么画，她缜密的大脑构思着，细到一根手指，一丝头发，于是她提笔在那硕大的墙上，很稳很慎重地画下大概的形状。她一边画一边哼着歌，画一会儿，就会洗画笔，换一种颜色接着画。画大山时，那线条似乎在跟着她的歌声一块儿上下起伏，她沉浸在自己的世界里，画好一幅，脸上就会露出得意的笑。在这个时候，她就是一位大画家吧！周围的人和事都被"拒之门外"了。她对这些画，像母亲对孩子一样认真、专心。当你走进，请你细听，那悠扬的歌声是她快乐的心情。

故事的结尾是这样的，国王看到一位农夫正开心地耕田，脚上穿的是有"嘴巴"的鞋子，便上前问："你没有富裕的生活环境，为什么还这样快乐？"农夫说："因为我享受当下的生活。"

特别的一抹色彩

宋佳雯

不知从何时起，我住的小区中多了一抹不同寻常的绿色。

一日放学，我看到一抹绿色的身影在小区中扫地。那人的头发稍有凌乱地扎在脑后，身着一件破旧的绿色军大衣，上面星星点点的破痕倾诉着这军大衣的历史悠久，灰色的休闲裤松松垮垮地搭在她的腿上，一双白色却已脏得不成样的布鞋也略显单薄。当路过她身旁时我好奇地扭头看向她的脸，吓了一跳——一道狰狞的伤疤从她的左半脸横跨鼻梁直至右半脸，像一条恶心的蛇在她的脸上蠕动，使她那原本较好看的瓜子脸，看上去却令人毛骨悚然。我急忙转过头，快步向家走去。

往后的几日，都会在小区里看到那抹绿——原来她是小区新来的保洁员。那日，我从她身边走过时，鼓起勇气，再次向她的脸看去：脸上的伤疤依旧恐怖，但她的眼中却没有呈现出自卑，而是坚定，自信。就如大漠中的一抹绿，是那么的不普通，引人注目，使我觉得她的脸不再是那么可怕。她的手背上布满了皱纹，看起来如枯树叶般脆弱，却有力地挥舞着大扫帚。

原来，那抹绿是如此的特别。

一夜，下雪了，第二天，那抹绿色依旧在劳动着，大雪落满了她那消瘦的肩头，她灰白的发中也夹杂着少许雪花，她的脊背却挺得笔直，手中挥舞着大扫帚。就在她对面，有一位穿着价值不菲的黑色皮袄的年轻女子，拿着电话，眉头紧锁，中间的褶皱足以夹死一只蚊子，杏目圆睁，樱桃色泽的唇上下翻动，不知在说些什么，整个人仿若要与黑夜融在一起。

有些人贫穷，却如一抹充满生机而又独特的绿；有些人富贵，却只能与黑色为伍。

那年，那汤圆铺

王　菡

清晨，太阳暧昧地将它那暖暖的阳光，照在街口拐弯的汤圆铺上，汤圆铺和小镇一起安静着。

汤圆铺上永远整整齐齐地放着汤圆，像一个个大胖小子一样，端端正正地坐在那儿，阳光的照耀下，还镶着金边。我看着心痒痒的，偷偷摸摸伸出手，拿到汤圆后又赶忙缩回来，一溜烟儿跑走了。将手中的汤圆捏成小兔子、海星……那是我孩提时代的无限乐趣。

"偷"汤圆时，自然会有一些小插曲——被服务员看到。她四十多岁的样子，头发低低地挽在后面，见到我就笑吟吟地，任我偷偷地拿走一个，只是拍拍我的头："下次可不能这样了。"面庞上笑意却没有消退。时而又会被老板娘看到："小娃娃，干什么呢？"她的头发利落地盘起来，声音沉而有些沙哑，但嗓门很大。"我……我想帮你摆摆齐"。刚碰到汤圆的手，赶忙缩回来，可不知道为什么，老板娘脸上也是笑嘻嘻的，她们好像从来不会对我发脾气。

她家的汤圆是镇上最好吃的，又滑又嫩，我常常问母亲要点儿钱去吃。老板娘的儿子煮汤圆，他总是一副严肃的表情，被他看到"偷"汤圆，定是被臭骂一顿，我总觉得他不及老板娘和服务员待我好。不过他煮的汤圆是最好吃的，一大锅里汤圆满满浮在上面，他不紧不慢地将银耳、冰糖、红枣等放进去。我常常把头搁在手臂上看着，口水都要流出来了，快要煮好时，我"噔噔噔"跑到那两平方多米的屋子，找个空位坐下，就等汤圆端上来啦！汤圆很快就端上来了，我迫不及待地拿起筷子，可又不怎么会使，服务员笑吟吟地给我递上勺子，想将汤圆吃进肚子里，可又被烫得"嗷嗷"直叫，只好噘着嘴巴在那儿吹气，不一会儿，汤圆就被我"消灭"干净了，连汤都不放过，"咕噜咕噜"喝下肚，拍拍肚子，说着"好饱"，便蹦蹦跳跳地回家了。

那年，我五岁，正是个鬼灵精怪的年纪，阳光稀稀疏疏地透过斑驳的树影照在汤圆铺上，为我筑起一座美好的城堡。

101

情 感 之 旅

潘靖宜

那天晚上，外面很冷，我们一群人躺在教室里，闭上眼睛，听着老师的叙述，开始了一次特别的旅行。

"在一个天气晴朗的星期天，你早早地醒了，你的爸妈还在熟睡，你打开窗户，空气是那么好，那么清新，让你突然想去旅行了。你甚至等不及和爸妈道别，只留下一张纸条，便出发了。你走着走着，就来到了海边。这时，一艘豪华轮船开了过来，你走上去，发现上面都是你的伙伴。你们欣赏着风景，一起玩耍。"老师顿了一下，"突然，你们前面出现了一座冰山，它正在迅速地倒塌，一大块冰山突然砸向你们的轮船，船慢慢地往下沉。所有人，今天都会死在这儿！"说完，老师似乎没有往下说的意思，任由我们自己想象。

这时，我的脑海里一片空白，仿佛感觉自己在慢慢地下沉，感觉到了海水的冰凉和咸度。"天啊，我不能这么快就死了，我还没有报答父母的付出，我还没有回报每一个帮助我的人！可是，我就要死了！"再想到父母收到信息后急切地赶来，他们面如死灰，看着一具具尸体抬上来，期盼着那里没有我，期盼着我一定会活着走下来。救生艇一次又一次地回去，几个活着的人坐在艇上，爸妈睁大眼睛，一遍遍地看着，可那活着的人里，偏偏没有我……

之后的事情我不敢想象，任由泪水在我脸上肆意地流淌。想起之前和父母的顶嘴或是逆着他们干事，我都感到无比懊恼。如果这样的旅行真的发生了，我也许会遗憾一辈子吧！所以，从现在起，我要珍惜和他们在一起的时光，用孝顺和成绩回报他们！不要等到那样的旅行发生时，一切也无法挽回了！

这次旅行的与众不同之处在于，它是一次情感上的旅行，让我在不断失去中深刻地明白了珍惜！

皮　皮

昱　然

　　"皮皮，快过来"，站在我旁边的同学对着一只黑白色的小狗叫着。"皮皮"这个名字对我来说十分特别，它为我童年带来了许多愉快的时光。

　　"皮皮"是一只棕色的小猎犬，当我第一次见到它时，它还不到一岁，却长得结结实实。

　　过暑假回到老家时，这个玩伴总是以一种不平常的方式迎接我。它跑到车门边，用湿湿的小舌头舔着我的鞋子，用爪子抱住我的小腿，把我硬"拉"下车。我便用手摸摸它的头，并请奶奶做一顿丰盛的中饭给它。可它往往吃到一半就撑不下了，便用两只爪子在土地上乱扒出个坑，把剩饭放入坑中，留着下次再接着享用。

　　有时在午后，它会到我家院子里陪我晒太阳，我坐在木头凳子上，它便在我旁边倒下，顺带打几个滚儿。我拿书来看，它就把脑袋靠在我的大腿上，好像也在津津有味地读书一样。我揪揪它的耳朵，它也不把头放下来，反而懒懒地蹭了蹭我的腿，便闭上眼睡着了，阳光照射在我们的身上，温暖着我的心。

　　有一次，我回去见我那特殊的朋友。快到老家时，突然四周的风大了起来，一堆乌云盖住了原本明媚的太阳，我赶忙关上车窗，心里

隐隐有些不安。到了家门口，皮皮并没有像往常一样扑过来欢迎我，我心中不由有些奇怪：这个时候，它不应该还在睡觉啊！我推开家门，寻不到皮皮的身影。爷爷看到我的样子，也知道我应该猜出了三分，便告诉我："大约一个星期前，皮皮不知怎么突然走丢了，一直没有回来。"我的心随之一颤，皮皮饿得瘦骨嶙峋，被陌生人丢在一旁的画面出现在我的眼前。难道我就要从此失去这个对我来说很重要的伙伴吗？我很失落。

"你怎么在发呆啊？！"同学叫着我，我看着眼前这只也叫皮皮叨着小球到处乱跑的小狗，不禁有些失神了。

从 未 忘 记

智 雅

一年前的冬天夜晚，寒风呼啸，月亮被厚厚的云层遮住，我搂着一只铁丝笼大步迎风往家走。

打开灯，放下笼子，轻轻掀开盖在笼顶的塑料袋。一个白色的小绒球，安静地蹲坐在笼底，半闭着眼睛，脑袋上一撮柠檬色的毛格外显眼。时候已不早了，我把笼子搬到安静的地方，站在房门口，"晚安，小鸟。"然后关上了灯。

小动物总是怕生的。虽然小家伙并不成熟，但离开鸟店里吵闹的伙伴，接触陌生的空气与人，总会有胆怯与怀疑。不过让它了解你的善意就可以解决这一切，建立起信任的桥梁。刚开始我在笼子边静候，接着与它唱歌，说话，聊一聊简单的事，兴许它不能理解，却也渐渐记住我了。最后，它便能在我的手指上悠闲地梳理羽毛了。

它记住了我，并成为我朝夕相处的伙伴。它会惬意地低着脑袋让我用手指挠痒痒，和我一起去拜访同一幢楼的邻居，靠在我耳边一同聆听音乐。除了去学校，它无时无刻不出现在我的生活中，带给我五彩斑斓的美好记忆。

它变得十分地依恋我，我若离它三米开外，它便会惊慌地大叫着飞过来。总有许多事情等着我去做，这使我不得不暂时把它忘却。我们不知不觉地疏远，这样的日子不知过了多久。直到放假的那一天，它又迈着步子走出笼子，飞到我肩膀上的那一刻，我才意识到——它一刻都没有忘记过我。而我，明明可以在忙碌时让它站在一边，却找了借口让它在笼子里与玩具为伴。它并不像那些大家伙们那样聪明，却一直记着我。我从店里带走它的那一刻，也带走了一份沉甸甸的责任。

我摸摸它的头："再也不会忘记你了。"

坚强地站立

盛陶然

南京的春天往往来得很早，才刚进入4月，路边的小树野花便褪去了冬装，陆陆续续发芽的发芽，盛开的盛开了。4月的微风吹来，带来了一阵野花的香味，绿叶也随风"哗哗"地响着。望着那些绿油油的梧桐，不禁想起几天前在路边遇到的那棵特别的梧桐。

午后的大街上，两排高大茂盛的梧桐，惬意地享受着春天的暖风，阳光从树杈间渗透出来，映出一小片橙红，路上的人不多，午后时分，大概只有少数人会选择出来散步。

起风了，梧桐树影来回摇晃着，阳光也变得斑驳起来，我拉紧了衣袖，闭上眼等待着流动的空气平静下来。突然"啪"一声在我身后响起，那声音像是核桃壳撞击在石头上，我回过头去，几枝干枯的树枝静静地躺在一块石头旁。正当我惊奇树枝为什么能发出那么大声音时，一棵特别的梧桐出现在我的眼前。与别的梧桐不一样的是，明明是春天，这棵梧桐的叶子却依旧凋零，树杈干枯，瘦弱地摇晃着。我慢慢地走向它，伸出手抚摸着它的树皮，树皮苍老、粗糙，刺得我的手生疼。我叹了口气，这棵梧桐大概是在与其他的树争取养料时失败了吧。可当我走到这棵梧桐树的身后，全然不同的景象展现在我的眼前，一小段嫩绿的新枝从树干上抽了出来，它努力地向上生长着，与其他梧桐争取着阳光，那些新枝看起来坚硬极了，它微微抖动着身躯，在明媚的阳光下挺直了腰板。一阵风拂过脸颊，"啪"一声，又一段树枝落了下来，我突然似乎明白树枝为什么会发出这么刺耳的声音，那不是它在发泄对其他树的不满，而是向别的树宣示着自己并没有输。我不禁感叹着这棵梧桐奇特的生命力，也许在某一天，它将重新长成一棵生机勃勃的梧桐。

那些争取到阳光的茂盛的树组成了一个社会，因为强大站到了顶端，我们这些普通人，如何在这个弱肉强食的社会中傲立？我们应像那棵重新抽枝发芽的梧桐一样，永不放弃，坚持不懈地通过努力成为特别的那一个。

生活的点缀

木　薇

生活嘛，要有那么一束花。

最近妈妈迷上了买花，而这一切，都是从那一枝玫瑰开始的。

那天回到家时，只见妈妈变戏法似的摸出了一朵红得不能再红的花，再细一看，花瓣一片包着一片，以一种优雅高贵的姿势绽放着。

原来是玫瑰。

妈妈很有心地翻找着花瓶，打算把它放在餐桌上，最后却只是失望地用一个细长的玻璃瓶盛了些水，剪去一小节茎，让花舒舒服服地立在里面。花瓶简陋不要紧，妈妈很快就用水擦洗得干干净净，使人清清楚楚地看到花茎的绿，一分不多，一分也不少，正正好。得益于妈妈的这番精心摆弄，每每在餐桌旁用餐，我都感受到生活的闲情逸致扑面而来。一抬头，一枝嫣红便亭亭玉立地出现在你的面前，身心也随之得到了莫大的放松和愉悦。

当玫瑰花渐渐枯萎，我便以为妈妈对花的热情必定消去大半。但我发现错了，妈妈不仅没有减去热情，反而又购来了更多的花。

一日，我回到家，又惊喜地发现，原本放在那个角落单板的假花不见了踪影，取而代之的是一大捧浅紫色的薰衣草。我凑近研究了许久，才发现这是真花，不过是干花而已。餐桌上的空白也由好几支康乃馨添补。

家里又多了生气，即使闻不到花香，这些芬芳的身影也带给我们全家新的希望，与生活更有活力地碰撞。

花，不论是白天热烈绽放娇艳，还是夜间静静地吐露芳华，都给予我们美的享受与精神的安慰。生命的长河，必然是群花齐绽。极目望去，没有边际。

生活嘛！总少不了一束花。

含　羞　草

杨　光

妈妈又买花了，我也跟着她布置，找个合适的花盆。我在小角落偶然发现了一个，小巧玲珑的，只是厚厚的尘埃把上面的记忆掩盖得太深，太深了。我猛地发现自己好像记起了什么，随着时光沉淀的某些东西正一点儿一点儿回来。

小时候，同爸爸妈妈一道去花卉市场走走看看，买些好养活的花花草草，摆在家里，多点儿生气。

很快，爸爸妈妈都挑到了心仪的植物，花盆大大小小，两双手完全捧不过来，唯独我力气尚小，连一盆吊兰也搬不起来，更别提那近半米高的仙人掌，对我来说那简直是庞然大物。我只好在爸爸妈妈搬花必经的一条路上等着，不经意间，开始打量起路边的一家小店。

花草是有灵气的，至少我认为它们能带来好心情。于是，我整个人都被吸引进了店里，不由自主地蹲下，低头，注视起角落里一株特别的小家伙。这小家伙儿一点儿都不大，叶子也是再小不过了。一片一片叶子略显细长，连着生，茎比一根牙签粗不了多少。我忍不住伸出手要去摸它的时候，它竟害羞地将叶片都一一收缩聚拢，偏不让我继续靠近。

这特别的小家伙儿，我可从未见识过。

我一阵惊喜，慢慢地收回小手，舍不得把目光从它身上移开，默默观察起来。等到妈妈喊我回家的时候，早已过去很久了。我不情不愿地慢慢站起来，抬头看了看妈妈，冒出一句话，我能养这个吗？妈妈皱了皱眉头，告诉我，这个叫含羞草，娇贵得很，不好养。

我知道已经没有挽回的余地了，失落地牵起妈妈的手往回走，走得很慢，不住地回头看。

很快，我过生日了。一盆含羞草居然奇迹般地在餐桌上等待着我，我高兴得又笑又跳，吃了蜜似的。因为我知道，肯定是爸爸买给我的。

烛光照亮了爸爸的脸，好像隐藏了什么表情，我吹灭蜡烛，许愿。这个普通的动作更加虔诚了。这样一个特别的生日，哪还能忘记？烛芯轻轻升出缕缕白烟。

开灯。

目光被拉回家中的小角落，我拿出抹布，迫不及待地擦去这记忆的枷锁。

"妈，新买的含羞草就栽在这里面吧……"

金 铃 铛

卢 鑫

今天是六一儿童节，我却没收到礼物。是大家都没有把我当孩子了吗?原来每年的儿童节，我都会收到一些礼物，它们或者别致，或者精巧，却总有那么一两件令我难以忘怀。

昨天晚上，我在家里寻找英文字典时，无意中翻到了一个箱子，它又大又笨重，与书房里的电脑，还有那充满着流行元素的书柜显得格格不入。这里面究竟装着什么呢? 好奇心驱使着我，我轻轻用手抚去箱子上的灰尘，用力一搬，搬开了那把锈化了的锁，一阵檀木特有的古香扑鼻袭来。

里面整齐地摞着一堆文案资料，左边放着几块奖牌，我又看到了一个牛皮纸包着的一团。我小心翼翼地拆开包装，皱而泛黄的牛皮纸下是一个崭新的红绒布盒子，居然保存得如此完好，我的心一惊。下面还贴着一张字条："亲爱的孙儿，祝你以后学习进步，身体健康。"打开盒子是一个精致的金铃铛，上面刻着我的名字，出生年月，反面还有一个肥胖胖的婴儿照片，像极了童年的我。

看到这一幕，我只觉得自己鼻尖一酸，泪水就像一群有着恐高症的孩子一样，刚准备夺眶而出，却又因为胆怯而缩了回来，然后犹豫了一会儿，最后便止不住地像伞兵一样跳出去，降落在地上。我的情感伴随着眼泪，喷涌而出，这全部是爷爷对我的爱啊。我的脑海中不禁回忆出一幕幕充满了祖孙情的场面。

在我上小学的时候，爷爷每天都来接送我，风雨无阻；在我有一次因没带钥匙而回不了家时，爷爷不惜从鼓楼区横跨三区来雨花区给我送钥匙；在他临终时，最惦念的还是我，想让我早点儿学做大人……这样的事例数不胜数，可惜，一切都只能留存于记忆中了。

我又回头看了一眼钟，不知不觉已经十点三十分了。我轻轻把盒子盖上，小心地安置在那个大大的箱子里。又把这个箱子重新放回了那个充满时代潮流的书房，那个与之格格不入的书房。我想，爷爷对我的爱也许就像那只与书房格格不入的木箱子一样，虽然没能够追上时代的步伐，但是却显得更加深沉，显得更加珍贵。

虽然人已故，但是情长存。

喜 鹊 窝

丁　伟

春来冬去，积雪已不知不觉地融化尽，太阳害羞地从云层中露出半个脸蛋，几缕阳光洒在台阶上。我伫立在门前，仰望那排高大的白杨树，尚未抽芽的枝丫上，是两只喜鹊曾经的窝。

小区外围的白杨树长得很高，窝自然也离得远，一眼望过去有百米左右。但我能想象出它现在的样子，布满灰尘、杂乱不堪，一位老人告诉过我，这个窝喜鹊很早前已弃之不用。

它曾经确实是喜鹊们温馨、舒适的家，也的确有过几只小喜鹊在母亲的百般呵护下诞生在这里。在那段明媚的日子里，喜鹊父母每日辛勤地劳作，它们不停地将捕来的昆虫递进嗷嗷待哺的孩子们的口中，我也乐于看见它们饱食后满足的样子。

可是有一天，一切发生了转折。一阵突如其来的狂风呼啸而过，把一只嘤嘤试飞的小喜鹊从树上摇了下来。好在它身子较轻，扑腾几下平安落地了。

此时，一位老人正裹紧衣服匆匆而过，在被风卷得打着转儿的枯叶中，他瞥见了这只无助又稚嫩的小喜鹊。他差一点儿就向这只小家伙儿伸出援手了，可当报道H7N9的那则新闻在他脑海里一闪而过，他犹豫了片刻，转身离去。据说后来来了一只野猫，叼着小喜鹊钻进了灌木丛里。

之后的几周内，喜鹊的叫声比往日频繁了许多。这对喜鹊也许是在呼唤它们的孩子，也许是在发出哀伤的悲鸣。只可惜唯一能够听懂这些语言的小喜鹊，已经夭折在灌木丛中了。可是日子终会继续，时间似乎冲刷了喜鹊父母心上的伤痛，它们窝里的其他几个孩子不知不觉间已经羽毛丰满，离开了曾经有欢乐也有悲伤的窝。

至今，在那个旧鸟窝旁，又有一对喜鹊筑起了新窝，这也将是天暖后的春光一景。至于这一对搭窝的喜鹊，我不知它们是曾经那一对，还是它们强忍伤痛抚养大的小喜鹊。我只知道，这是生命的延续。

熟悉的陌生人

刘诗扬

不知何时，小区的门口来了一位卖栗子的老人。

老人身形偏瘦，穿着一件有些褪色的蓝色外套，花白头发，皱纹布满了整张脸，戴着一副已经变形的圆框眼镜，看上去年过半百，一定是一位饱经沧桑的老人。

每天早上不到六点，老人就骑着一辆三轮车，拖着炒栗子的家伙，来到小区门口把摊子摆好。他的栗子卖得很便宜，一包只要十元钱。上午九点多钟是最热闹的时候，顾客很多，经常围着一圈人，其中大都是一些熟客，在远处都能听到他们和老人爽朗的笑声。

有一天，我抱着看热闹的想法也去当了回老人的顾客。走近后，我便静静地观察。他炒栗子的速度不是很快，但是动作却很有节奏，翻炒、装袋、称重、找零，有条不紊，忙而不乱。老人讲话时总是面带微笑，对待每个顾客都很热情。就在他抬头将称好的栗子递给我身旁的阿姨时，我突然发现，他的右眼竟没有随着左眼的转动而一起转动，我这才知道，原来他有一只假眼，他是一位残疾的老人。

不知怎么的，我顿时生起了一种敬意，这样一位身体残疾的老人，却有着如此热情开朗的性格，凭着每天的辛勤劳动来争取自己的幸福生活。虽然我对他的身世一无所知，但是他的眼睛后面一定有一段沉痛的往事。我想，人的一生总会崎岖不平，面对生活中可能出现的各种挫折和打击，我们也许无法回避，但我们可以用乐观的态度勇敢面对，就像这位老人一样，永远笑对人生。

木　匠

涵　悦

小镇外，走几步路便能望见一条长河，不知其源头，亦不知其归宿。河的那边有小山，也有一位木匠。

打我有记忆的时候，就知道外公和那位木匠关系甚好，他常带我翻过小桥，去见那位木匠。木匠姓钱，外公每次都让我快喊人，但他却摆摆手，"哎哟，好！好！好！"顺手拿起酒，喝下一大口。

钱爷爷会做木雕和小板凳、小木桌……什么都能做得很像，外公每次去那儿做小板凳时，钱爷爷都会给我一些小礼物，那些小礼物对我来说都是些稀奇的玩意儿，能在一旁捣鼓得不亦乐乎。

我最喜欢的是一只木鸟。钱爷爷在一块长方体的木料上看来看去，也不说话，却在脑袋里想好了细到一根羽毛的走向。当然，也看好了木料上纹路的变化，好更符合鸟的羽毛。这些都想好后，钱爷爷方才拿起小刀，将木料一点儿一点儿地削掉，说来也奇怪，他就这么刻了，不用画铅笔稿吗？那只木鸟该是什么样的，他早就在脑袋中构思好了。

我想，坐着也是坐着，还不如出去玩一会儿。门口一小块地里，种满了凤仙花，我一蹦一跳地捏了好几株，凤仙花的种子都飞出来了，脚上走的每一步也似乎能开出花来。一盏茶的时间，钱爷爷已将木鸟的大致形状削成形，边缘并不光滑，有很多棱角，却也能辨别出来。钱爷爷将那些棱角都修平整，地上铺了一地的木屑。他又换了一把更细的刀，将羽毛的纹路、喙和眼睛都刻出来了，那叫一个惟妙惟肖！

　　那时候的我睡觉都是抱着这木鸟的。

家乡的银杏树

修　华

　　在老家，院子里中有几颗银杏树，似乎不是那么起眼，但那都是我小时候最喜欢的树。

　　在我很小的时候，总是能看到爷爷拿着大铁锹，在田野里忙活。长期生活在城市里的我一直觉得好奇、新鲜，也学着爷爷用铁锹在院子里乱挖。当然，我用的是小铁锹，不一会儿，院子里便被我挖了一些洞。不知从何处听来的，或是仅仅出于好玩儿，我从地上找来一些小树枝，插在土里，希望它可以长成大树。当我找不到树枝时，就会请大人帮忙折一段银杏树枝来种，当大人们问我在做什么时，我会自豪地告诉他们我在种树，将来会长成一片银杏林。大人们通常会笑笑，似乎是对我的赞赏。

　　长大一点儿后，我身材瘦小，行动敏捷，像只猴子一样似乎有使不完的力气，蹿上蹿下，无比灵活。看到后院有银杏树，便执意要爬，我一把抱住树杈，一下子撑上去，两只脚踩在树干上，按捺不住激动的心情，呼喊家人来看我的成就。我当着他们的面继续往上蹿，有时可爬到好几米，在树上玩很久才肯下来。

　　每年国庆节前后，白果由绿变黄，这是收获的季节，我们必定会在此时打白果。一家人拿着竹竿，头往上仰，举起竹竿击打树上的白果。我上小学之前就帮忙打果，当时我也站在树下，举起比我高几倍的竹竿，因为力气小，只能举着往上捅，半天才打下来几个，模样十分滑稽有趣。等到打下来后，我们把落在地上的白果统统拾起泡入水中，三四天后，去除外面黄色的肉，留下白核。白果药用价值高，可以治疗许多病，银杏树的树叶也有很高的药用价值，照例爷爷会把白果与叶子卖掉，但也会留下一点儿给我们吃。白果吃法多，最方便的是抓一把送入微波炉，热一两分钟后食用。但大人们不让我们多吃，据说，吃多有毒。

　　长大后，我学到了许多知识，知道像我小时候那么种树是不可能活的，又知道了爬太高很危险。现在白果变得不值钱了，老屋翻修时院子里的银杏被全部挖掉。每次回老家，站在空荡荡的院子中，静静回想那满是笑声的回忆。

午　睡

许　欣

我一直没有午睡的习惯。

我比大多数同龄人更晚进入幼儿园，算是一个插班生。我有很多达不到同学的标准——吃午饭不能吃完，演讲不敢上台，不识得五线谱……但最让老师恼火的是我中午永远睡不着。

幼儿园有规定，所有学生中午必须睡觉。每一间教室都有两个房间，一间是平时上课的教室，一间是中午睡觉的房间。木质小床都是上下铺，本是个很让孩子们新奇又很温馨的画面，但我似乎过于精力力旺盛，在床上辗转反侧，就是难以入睡。最初我睡在上铺，下铺和隔壁的同学也因此睡不着。有的同学吃完了是一定要睡的，被我打扰了就十分困倦，因此向老师举报。于是，我由于做广播操认真而得到的上铺好位置就被那个喜欢打瞌睡的同学取代了。

睡在下铺，我更无聊了。我偶尔偷偷藏一本书或玩具在床上，以度过那无聊的下午时光。没过几天，我的行为就被神通广大的老师发现了。在我看书正津津有味时，她径直向我走来，一把把书收走，然后就在我身边坐下，命令我立刻睡觉。那天，我闭着眼睛一动也不敢动，呆呆地躺了一下午，起床时全身都麻了。

后来，我不敢看书，实在无聊了就玩被子。我把系被子的绳子打了一个又一个结，然后再费劲儿地解开。偶尔遇到解不开时，我也不管，换一处继续系结。一年下来，四五根绳子都成了怪异的麻花。奶奶把被子拿回家后，看到我这些"情结"，也不犹豫，都用刀剁了。但奶奶又特意找出几根绳子给我，说："有结就系绳子吧，总不能结在心里。"

小学低年级时的午休是我最快乐的时光了。老师从不禁止我看书，还表扬我读书多，爱读书。我也因此受到了莫大的鼓舞，每天扛着几本厚重的书去学校，害怕丢了，晚上再扛回家，但是真正读起来还是那些小人书有趣。

后来，老师突然养成了午休讲作业的习惯，但大部分时间我是可以不听的。老师给我布置了很多课外的难题，我大部分都能很快完

成。我却不立刻交，因为我认为可能会有更多的卷子。但现在一想，如果当初我来个一鸣惊人的话，是不是就再也没有卷子了呢？老师们极力把我培养成优秀的学生，我却让他们失望了——最终我放弃了我们区重点小学的"优录"，又任性不去考市重点小学。

进入高年级后，午睡的同学又多了起来。有的同学不知晚上做什么事情辛苦到深夜，有的同学似乎整天都似睡非睡。我偶尔也有大脑混乱的时候，停下来回顾一段往事，便立刻又充满了力量，继续向前闯荡。

向起床 say no

易 阳

微风轻轻在耳边飘荡，清晨的第一缕阳光懒洋洋地爬进屋里。房间里的我在阳光的沐浴中惬意地翻了个身，嘴角微微上扬，做着自己的好梦。

突然，耳边传来"咚咚咚"的响声。咦？这是哪儿来的怪兽脚步声？我一惊，连忙抱紧了我的枕头。那个漆黑的怪兽有时很突然地将我拖向了天空！我惊恐万分，神智也瞬间清醒了。

我半睁着眼睛四下看着这朦胧的世界，阳光明媚，鸟鸣啾啾。哪儿来的什么怪兽？取而代之的却是"凶神恶煞"地来叫我起床的老妈。"什么鬼啊……吓死我了。"得知真相的我也没多顾什么，一头栽了下去，只希望能多睡一会儿。

"你还睡啊，你？你看看你！睡得跟头猪似的！还不给我起床！"老妈在一旁叽里呱啦地教训了我一通。对我来说，被子是有效隔绝"口水机枪"的最好屏障。

就当我昏昏然又要进入梦乡的时候，眼前忽然明亮了许多，原本盖在身上的被子不知哪儿去了。不用看就知道，这一定是老妈夺走了我亲爱的被子。

我心中一火，猛地坐了起来，喊道："我不起床不起床不起床！才几点就要起床？！真是的！""几点？你看看手表到底几点？六点半！起床！"老妈生气地向我吼道，紧接着，我的耳朵又一次接受了她的"洗礼"。不行不行，再这么下去我肯定会输，小孩子永远讲不过大人！我灵机一动，一把将老妈手里的被子抢过来，说："快听！有人在敲门哎！肯定是送早饭的来了！老妈你快去拿早饭吧！我马上就起。"接着，我脸上浮现了一丝恶作剧般的诡笑。老妈一听，信以为真，匆忙跑去开门。而我却在她后脚离开房间的时候蹑手蹑脚地去把房间门给锁上了。哈哈！这回就没事啦！

三十秒后，一直纳闷着敲门的人哪去了的老妈终于意识到这是一个"骗局"。她怒气冲冲地跑到我的门前，却发现怎么也开不了门。"好你个易阳！你给我等着！"

我静静地趴在床上晃荡着腿，倾听着门外的动静。确认老妈离开了以后，我耐心地把被弄乱的床铺整齐，舒心地躺了上去，惬意地闭上了眼睛，享受阳光的温暖。

烟雨秋凉

沈 沁

"九月里江南细雨纷纷扬扬，蔷薇花开满青石板小巷……"耳机里的这首歌也正如眼前的景。

一步一个脚印向山上爬，细雨蒙蒙，云翳模糊了天际，笑靥盛开在心底。

微风拂过，古刹钟声敲响。音乐、钟声、雨声，在朦胧的秋雾中交织、融汇，又在青翠的山间缓缓流淌，轻抚着每一个人的心灵。

半路遇见桃花亭，黑瓦白墙。掩映在花红柳绿之间，如繁华的城市中那一抹朴素。细雨从亭檐上滑落，滴水成线，线雨成帘，似一障屏，无形地将眼前的景划为山林和路径的两个部分。

漫步亭里，脑海中掠过"斯是陋室，惟吾德馨"的诗句。细细品味床边的字画，还真有一种翱翔于中国传统文化的充实与满足感。

秋色映拱桥，雨雾钟声敲。茫茫细雨中，钟声穿过层层秋雾弥漫在山间。信步林间，觅得一栈道，香榧一般蜿蜒山里，幽径独行迷。

登上栈顶，蓦然回首，如置身仙境一般。万里苍穹，在这一刻尽收眼底；古都金陵，让多少文人墨客魂牵梦绕；九州大地，又洋溢着多少中华儿女的赤诚之心！

雾，到处都是雾，等不来一缕阳光，觅不得灯火阑珊。雨渐渐止了，在树叶上轻轻掠过，随即又悄无声息地滑落到土壤中，寂静。天边偶尔掠过一两只燕，接着，耳畔是一声渺远的鸟鸣。

仿佛穿越到另一个雨雾之朝。

是　她

嘉　琦

小学时候的我总以为自己永远是对的，每每都会用自己的想法为我的朋友做决定。久而久之，我最好的朋友也不耐烦了，她竟和我吵架。那天，我们两个人是真生气了。

那天后，在班里见着也不理睬，就当不认识对方。下课后，我也刻意绕开她的座位走，那个人和那个座位都在我的心里划下了一个大大的叉。

吵架后的一天放学，我一个人孤零零地走在那飘落着红枫的幽寂小道上，秋风吹着我瘦小的身子，让我一直打着寒噤。尽管穿了再多的衣服，仍然能感到心里的一丝凉意。突然，我看到了一个熟悉的身影。"是她？"那个扎着马尾辫、戴着眼镜的女孩儿不就是我原来的好朋友小菲吗？她身旁竟然还站着一个女生，才短短两天，她居然就又找了一个朋友。我的心像被万箭穿过一般痛，眼睛重得抬不起来，长长的睫毛上挂着来源不明的几滴沉重的水珠，眨了几下，晃悠悠地跌落下来，透过依稀水气，映出那张恍惚的嬉笑的脸。耳边隐约有人在喊我，可我什么也不想回答，便匆匆离开了。

哎，又是一个寂寞学校日，不过幸好那天我喜欢的杂志出新刊，给我心灵有了一丝安慰。一放学，便跑到书店。

"老板，给我一本《意林》。"

"对不起，最后一本被一个扎马尾辫戴眼镜的女孩儿买走了。"

我的身体在瑟瑟地发抖，一双深陷的眼睛，直盯着门口。那个浮现在我眼前的人就是她，她明知我那么喜欢这个杂志，为什么还要买走？没说什么，我便气呼呼地离开了。

第二天到学校，温暖的阳光爬进了窗户，照在我的课桌上，隐约有些东西在我的视线中出现了。啊，那本杂志！是她，一定是小菲给我的，那本书上还有一张小纸条，那娟秀的字一看就是她写的。"嘉琦"，有人拍了我一下，"对不起，我那天不该对你发火。送你最喜欢的书做赔罪礼。"

她那甜甜的微笑让我不自觉地在心里原谅了她。"对不起，我以后会考虑你的感受了。但那天……为什么和那个女生一起回家？"

"那个呀！我也不知道你喜欢的书在哪买，正好她也要买，便约她告诉我，省得买错了，那天……我看到你了，还叫你，只是你没理我。"

那个画面立刻浮现在我眼前，原来叫我的是她。"劫波渡尽兄弟在，相逢一笑泯恩仇"。我的不悦被冲刷了，马上抱了抱她，那一刻，我感受到了朋友的关怀和温暖，我再也不会和这么好的朋友吵架了。

是她，让我明白了吵不散、骂不走的才是真心朋友。

只愿做一朵小黄花

项 仪

4月绿柳吐烟，陌上花开，处处芳菲浸染。绿博郁金妖艳，栖霞桃花俏皮，浦口梨花淡雅，它们有着老天赠予的国色天香，而我却最爱那漫城油菜的平凡。

油菜花外貌极其普通，平平常常的金黄则是它的全部，小巧的花瓣整齐地围绕着花蕊，朴实又精致。每朵嫩瓣上都嵌着细细的纹路，只有大自然如此技艺高超的雕刻家才能完成这个杰作。花儿虽然娇弱，但却不需要细小的呵护，它生来就有这粗壮的根茎，它们总不低头，拥有着与栽种它们的农民一般的淳朴与粗犷。充满朝气的黄色，仿佛是阳光沉淀在了薄薄的花瓣尖上。

每到4月，我总爱来到山边的梯田，等待着油菜花依次绽放，聆听春的声音，细嗅花的芬芳，如蜜一般甜，如雨一般柔。雾雨成烟，大地朦胧在浪漫的情调里，而我痴醉在金黄的花海里。望着繁花尽染的山野，走在其中，有蜂的勤奋声，蝶的翩飞声，花的绽放声。迎着染有暗香的微风，心中偶尔有一丝宁静，也有着不一样的心境。怀诗情，吟诗释怀；愿放歌，激情四海；忆友人，旧梦重圆；思故乡，把酒当歌。小小的花瓣如一杖拂尘，洗去我内心的喧嚣。

花开花落，亦为自然。郁金花谢，高贵即失；桃林花谢，春意则无；梨树花谢，无奈相见欢。而我喜欢的油菜花却更加高尚，虽没了活力，却一直在默默地给予，为我们提供油料。它并不只是装饰，而是愿意付出一切来获得下一个绚丽舞台的生命。

她的一生都让我羡慕，3月初是承载着理想的碧绿羞涩的花苞，3月中是青绿而又爽朗的花骨朵，慢慢到了4月终于绽放成了金黄有活力的花儿，成熟又沁人心扉，4月中则又即刻凋落，结成果实，榨成油汁。一生短暂却又充实，从未有一时是浑噩度过的，让我没有理由不爱上它。它就像一位天使，高傲而美丽的天使。

我愿做一朵油菜花，平淡无奇的油菜花，享受与自己一般平淡无奇却又充实美丽的一生。

家有"大白"

唐嘉琦

我家有一个又白又胖的妈妈，她并不像我爸爸一样勤劳，总是窝在床上，活似一个"大白"。公司里的她形如雷，做事效率极高；猛如虎，对待下属极严；智如狼，思维能力极强。然而家里的她仿佛截然不同，懒如熊，胖如象，确实是我家的"大白"。

胖

家有"大白"她很胖。正如电影里的"大白"一般，她脸上的肉球圆滚滚的，拥有犀利目光的眼睛都快被这肉球遮掩。最爱抱着妈妈的肚子，弹弹的，暖暖的，像棉花一样软软的。可似乎她却从没有意识到这一点，还是不停地吃，不停地睡。每当我将她摁到体重秤上时，她总是不愿接受自己胖了的事实。即使口头上说着要跑步减肥，行动上却是很诚实，第二天便又忘了自己许下的诺言。每每都是我拽着，才肯跑几步，到头来我倒是满头大汗。要我说，就应该把她缩成球，围着小区打滚。

萌

　　家有"大白"她很萌。我和妈妈不常吵架，就算吵架，最后也会变成一个玩笑。妈妈年近四十，心却似十七岁少女，装萌扮傻她可很在行。每当她在气头上时，总会像一个皮球一样，腮帮子充得鼓鼓的。噘着嘴，插着腰，昂着头，实在是让我恨不起来。那萌爆了的模样太惹人爱了，我总会憋不住噗一声笑出来。顿时，充满怒火的气氛被打破，我们俩又开始说说笑笑。

暖

　　家有"大白"她很暖。"大白"总愿在我需要帮助的时候伸出手，我从小到大对她印象最深的就是暖。她会在我吃鱼时，为我挑去刺骨；在我作业时，为我端来牛奶；在我过马路时，牵起我的手。她既是我的妈妈，哺育我长大，也是我的朋友，在伤心时听我倾诉，高兴时陪我欢笑，失利时给我鼓励。

　　妈妈是我家不能缺少的一部分。我爱我家，我爱"大白"。

那年，那汤圆铺

"宋几何"

于 逸

"下面我们来看这一道题，我先来画个图啊！"说完，他拿起一支白色粉笔，缓慢而又认真地在黑板上画起了函数图像。哇！那画真是绝了！一条条笔直、粗细均匀的直线，简直比教科书还要教科书！"好了，画完了，下面我们开始讲题。"

他，就是我们的数学老师——宋伟军。略矮且稍显肥胖的身体被他自己说成是"黄金比例"，一头黑黑的、短短的、卷卷的头发，为他那原本古板严肃的面庞增添了几分可爱之色，被厚重的眼镜掩藏鼻翼下方的痣也说成是"美"的象征。

他第一次进教室，就给我留下了极其深刻的印象。"丁零零……"上课铃刚刚打过，喧闹的教室还没有完全安静下来，这时一抹身影风风火火地快速闪了进来。宋老师来了！我们赶紧抱臂坐好，可还是有那么一两个调皮的男生恰恰被逮住了——"姜宇翔！你又在干吗？躲在窗帘后面玩儿什么呢？"姜宇翔被他说得怪不好意思的，咧开嘴，露着大白牙"嘿嘿"地憨笑着。"知道你聪明，上课就玩儿，玩儿了又不听，你考的成绩都是自学的，那都和我没什么关系，对吧，姜宇翔？"全班同学哄堂大笑。"好，下面我们来开始讲题。"宋老师又开启了几何模式，用白粉笔一笔一画地认真画着每一条线，工整有序，简直就像打印机打印出来的一样，连字母也都写得十分规整。难怪，"宋几何"嘛，能没有几个绝活吗？就这样，我们上了一堂又一堂的几何课，对几何的印象深了又深，脑海里不时会涌现平行四边形、矩形、菱形、正方形……

宋老师画的线，不单单是几何线，他更是将对教育的热爱，对学生的负责融入其中。那一笔一画映照的是那抹身影在灯下拿着笔的无数次练习，无数的心血和努力。教师的职业是伟大的，教师本身更加伟大，他们用自己说的每一个字、每一句话，为学生的明天铺好奠基石。学生走了一届又一届，而他们自己却在不知不觉间佝偻了身子，褪去了红颜。而这正是他们用一生去诠释的一个梦，一个用一生去完成的梦——教育！

山　最　美

舒鑫婷

推开我家的小窗，一座山展现在了我的面前，它与我朝夕相伴，就像是我的知心朋友一样。

天气晴朗的时候，远远望去，山就像是一块碧绿的翡翠镶嵌在一块平地上。居住在山坡上的小树苗们，在经历了风雨的洗礼后，已经长成了参天大树了。此时它们正在温暖的阳光下，尽情地成长着。最惹人注目的柳树，把自己的"长发"垂到了脚跟。一阵风吹来，它会随着优美的乐曲，在阳光下翩翩起舞。而山坡上流下的清水在山脚下汇成了一股甘泉，用手捧起一捧水，喝下去，清凉甜美的滋味会布满全身。

雨天的时候，整座山都仿佛活了过来，就像一条青龙在雨中穿行着。大树们张开枝叶，吸取着雨水，有了雨水的滋润，它们会长得更加强壮。雨水从空中哗啦啦地落下来，就像成千条闪烁的银链子飞到山坡上，在雨的海洋里，整座山就像是龙在戏水，仿佛就要脱离地面，飞向高空中去。

天气很热的时候，爸爸会带我去爬山，因为爸爸说山里会比较凉快。我和爸爸走进山中，爬到半山腰的时候，我就累得喘不过气来了，不过我还是坚持爬到了山顶。然后感受到了山的美。在山顶，迎面吹来的风很大，把刚刚的热一下子吹散了，我感到了像秋天一样的凉爽。那种感觉不是在空调房里吹着凉风能够体会到的，也不是刚从游泳池里爬出来的凉飕飕的感觉，那是一种让人整个心境都快乐起来的特别感受，烦恼仿佛都随风而去了。从山顶往下望去，一幅迷人的风景出现在我面前：小草和着风婆婆的歌曲与柳树姐姐一起，跳起了美丽的舞蹈。

山最美，它是我们人类的好伙伴，我希望人们都能和我一样，爱护它那青绿的外衣。

那片山楂林

　　一枝枝树梢上开满了白色的小花，散发着淡淡清香，把夏天的山楂林打扮得如此妩媚动人。躺在松软的草地上，看湛蓝的天空一碧如洗，听小鸟啁啾，欣赏着山楂花，晒着温暖的日光，真是一种无与伦比的享受啊！

最后的诀别

庄 梦

撕心，裂肺。

我死死抱住它，一遍遍喊着"不可以"。妈妈无奈地看着我，只是一遍遍告诉我"必须把它送走"。

它，是一条黑白花纹的小土狗，说得好听点儿，就是只漂亮的中华田园犬。虽说它是小土狗，可我们可没把它当农村里浑身脏兮兮，整天吃剩菜剩饭的土狗来养。有人给它喂狗粮陪它玩儿，有地方给它挡雨睡觉，时常给它洗澡，时常喂它骨头。它有家，一个温暖的家。

我至今尚能记得那一身发亮顺滑的皮毛，头部一片黑毛，中间还有一块白。小巧的脑袋上生着一对尖而短的耳朵，右耳皮上还可以摸得到它的伤疤，那是跟小区里大金毛打架留下的。狗的眼睛是很漂亮的，棕色的眼瞳，亮得很，眼珠子一会儿转到这儿，一会儿转到那儿，非常灵活。然而最大的问题出在它的嘴上。

"它老是叫，还会咬人，我们不能再养它了。"

我无法反驳，可我不忍心。

它仿佛也通人性似的望着我，伸出长长的舌头舔我挂着泪水的脸。我哭得更狠了。

还记得它刚来我家时，小小的身子睡在一个小纸盒里，一转眼都有半人高了。对于陌生人来说，它就是一个可怕的庞然大物，随时会扑过来咬你一口。但对我来说，它只是一个没长大的玩伴。

我不放弃任何挽留它的希望，哪怕只有一丝微弱的光，我也要争取。

妈妈似乎有了别的主意。

"那如果送回老家养呢？"妈妈试着退了一步，"我就不应该同意你养它。"

我泣不成声，已经无可挽回，只能放开了手，珍惜和它在一起为数不多的时光。

我们终要分离。每当看到那个空荡荡的犬笼，我就又放不下它了。

那是最后的诀别。

那片山楂林

许　辰

"冰糖葫芦甜又甜，红红山楂圆又圆，一排排呀一串串，尝一尝呀笑眯眼……"录音机里传出来的稚嫩童声，勾起了我儿时那段充满着酸与甜的回忆。

妈妈单位的院子里有一片山楂林，无论何时，那片山楂林都是一幅极美的风景。清晨，一抹淡淡的阳光透过缥缈的晨雾，似有似无。当万物都处在朦胧之中时，阳光终于穿破了晨雾，洒在山楂树上，像是给山楂树蒙上了一层淡淡的金纱，整片山楂林都散发出一种温暖、清新的气息，令人心神舒畅。

傍晚，落日余晖斜照在山楂林上，瞬间给翠绿的叶片镀上了紫金的光芒。忙碌了一天的动物陆续回归自己的小窝，鸟儿悠闲地叫几嗓子，或相互依偎，自娱自乐，抒发它们内心独有的满足与快乐。

夏季的山楂林，是那么热烈奔放。一枝枝树梢上开满了白色的小花，散发着淡淡清香，把夏天的山楂林打扮得如此妩媚动人。躺在松软的草地上，看湛蓝的天空一碧如洗，听小鸟啁啾，欣赏着山楂花，晒着温暖的日光，真是一种无与伦比的享受啊！

秋季的山楂林，充满繁忙与欢乐。满树的山楂像一个个红红的小灯笼，喜气洋洋。每当这时，我便迫不及待地和妈妈一起去摘山楂果，摘的时候还忍不住偷偷尝几个。每年，我们都要熬山楂酱，今年也不例外。回到家后，姥姥把山楂洗净，去核、切块、入锅、倒水。每个环节都十分流畅，没有丝毫停留。趁着山楂正在锅里煮着，姥姥又马不停蹄地把剩下的一些山楂洗干净，均匀地铺在匾里，放在门前的院子里，等着晒干，这样就可以用干山楂片泡水喝了。屋里逐渐弥漫着酸甜的味道，我知道，山楂酱的熬制现在已经正式开始了。姥姥用木勺缓缓搅动着锅里的山楂，看着山楂渐渐变得黏稠，颜色变得暗红，我赶紧捧着手中的玻璃瓶，姥姥快速把山楂酱倒入瓶里，我开心地笑了，姥姥也开心地笑了。

"你一串我一串，不给她呀要翻脸，咬一口蹦一蹦，不再给妈妈把气添……"这童真的歌谣让我重新找回了心中那最美好的回忆。

枫

李心宇

我停下了。

一株枫树吸引了我的注意。枫树并不高，被几棵高耸入云的大树包围着，却依然如此夺目，红得耀眼。树干很细，一只手几乎可以包住。雨水让他微微弯下了腰，层次感却更加分明——层层叠叠的枫叶错落有致，远观恰似一座大山，让人不禁浮想：山中有没有人家？山顶有没有寺庙？雨水流出的一条条河从山脚滴下来，落在我的手上，清凉极了。每一片枫叶的形状各不相同，有的宽厚，有的尖细，不变的是那一抹红。

枫叶红得恰到好处——浅一点儿让人觉得肤浅，深一点儿让人觉得妖媚。这样的红经常可以在荷兰画家的肖像画中的人物嘴唇上看见。荷兰画家极其擅长把事物画薄，画中的人物肌肤似透明的一般，连那血管都可以看清楚。枫叶也是这样，四通八达的叶脉不得不让人佩服大自然的聪慧——这绝对比我们任何的管道工程更加精密。隐隐约约似乎看见这些管道一鼓一鼓的，输送着生命的养分。

这些管道直通着枫树的根，这树根扎得也极有特色——不是一根根盘旋交错，而是径直向四面八方伸去。我不禁想起汉字"基"。在我看来，这是最大气磅礴的汉字，刘伯温的名字起得实在是太妙了。

总而言之，这是一棵热情、朴实又略有神秘色彩的树。

实际上，这棵树最妙之处在于树干。仅仅是普通的竖纹和一点儿横纹，就组合成了一个又一个精妙的图案——长胡子老人的头、立着的琵琶、一泻千里的瀑布……

我不禁伸出手来抚摸这株造物主的杰作。

小 怪 物

孙悦菡

细雨，绵绵。叫声，不绝。

挥舞着手臂，尽力驱赶着那个黄黑相间的小怪物。

下着牛毛般的小雨，有些人说是不会去了，也有人抱怨下着雨怎么爬山。可最终，不得不打点着行囊就这样子去了。

到了栖霞山，没有看到"霜叶红于二月花"的景象，也别提什么"看万山红遍层林尽染"，叶儿懒着呢！还不想那么快换上红装。多数人还在"寻寻觅觅"着想象中的美，却得来"冷冷清清，凄凄惨惨戚戚"的遗憾。

栖霞山的香火依然笼罩着寺庙，似如烟的幻境，绕塔转三圈，说是能一年平安。就在那偏僻的小角落，有几级台阶向着远处延伸，只是想一探究竟，便往山上爬了。地面潮湿，半山腰那几个女孩儿小心翼翼地打着粉红色的伞向上攀爬，不知走了多远，周围的人说饿了，累了，想下山了，便也作罢。

找来找去，也不见有个能安稳坐着的地方，便寻在古楼下，用塑料袋垫着坐下了，拿出包里的寿司，下雨天，寿司与它最配了，就差了落樱满地。吃完后，又拿出面包慢慢吃着，看着平板电脑，忽然，"嗡嗡"的声音传来，什么飞得极快，蜜蜂！周围的女生都尖叫起来，我也不例外，捂着耳朵颇有几分掩耳盗铃之势，飞了一圈又不见了。过了一会儿，它又来"拜访"我们，又是一阵喧闹。在这混乱中终于吃完了一个面包，当我拿起另一个面包准备啃的时候，蜜蜂又来了。闭紧眼睛，紧锁眉头，听着听着，似乎没有了，这才安稳些。

　　"它在吃你的面包！"

　　朋友的一番话让我陡然紧张起来，"啊啊啊！"将面包向前一扔，越发向柱子靠了靠，这可恨的小怪物！面包是不能再吃了。有意思的是，它这般打搅我们，我们却自始至终舍不得挪窝儿，依旧好端端地玩着手机，画着画，谈笑风生，屋檐上的雨滴落下来，这应是最美的一景。

　　可小怪物一来，那定又是混乱一时。

135

滑雪初体验

许琛琛

　　今年寒假，我来到了向往已久的有着"东方莫斯科"之称的哈尔滨，在旅程的最后一天，导游带我们来到了"万科滑雪场"，这让我欣喜若狂。

那片山楂林

去滑雪场的路上，我的脑海里浮现出来了这样一幅画面：一个滑雪高手站在坡上，像龙卷风一样，途中不断地转弯，向我们炫了炫他的技术。我的心仿佛已经来到了这个冰天雪地的世界。

终于来到了期待已久的滑雪场，我拎着滑雪鞋和雪板，开始研究起了穿法。凭我的聪明才智，我终于穿上了这笨重的滑雪鞋，提着我这双像绑了石头似的腿，慢吞吞地走入雪场。教练教我穿上了雪板，并对我强调了滑雪的一些重点：滑雪时雪板间的缝隙要前窄后宽，呈八字形，身体一定向前倾，这样才不容易摔倒；如果摔倒，一定要向两侧倒，不要用手撑，这样很容易骨折。我嘟着嘴心想："这讲究还真多，管他呢！"

教练先教我怎么在平地上行走，滑行，转弯，然后又在一个缓坡上教我行走和转弯。我模仿着侧着身子，一点儿一点儿小心翼翼地往上走。途中，身子总会不自觉地往后仰，差一点儿滑下山去。但是，教练都会第一时间来营救我。见我训练得差不多了，教练便带我坐上了"魔毯"来到了初级雪道，开始进行滑雪训练。我开始幻想起自己在山坡上"翩翩起舞"的样子了，看着别人崇拜的眼光，我啧啧嘴向下滑去……

"魔毯"慢慢地将我带到了半山腰，我向下一看，下面是非常宽阔的大雪坡，四周到处都是白雪茫茫。看着人们一个个飞驰下去，我也跃跃欲试。我一开始认为自己会滑旱冰，学滑雪也是"水到渠成"，但真滑起来才感觉到自己重心不稳，而且速度一快，便会乱了阵脚，忘了刹车，整个人都飞了下去。没滑出多远，我就感到滑板有些东扭西歪，心里有些害怕，四肢僵硬，教练看出我的紧张，便叫我刹车，我连忙来了个急刹车，结果差点儿向前扑去。教练说只要控制好速度，身体向前倾，就不会有什么事了。我记住教练的话，开始艰苦地训练。

滑板载着我一次次地疾驰，刺骨的寒风像成千上万根银针一样扎在我的脸上，可我顾不了那么多了。我一边滑一边默记着动作要领，有坡的时候要减速，看好旁边有没有人……转眼间我就滑到了坡底。啊，我真想不到原来滑雪可以这般奇妙！

　　在一次次滑行的过程中，我像一只风中的燕子一样轻盈，柔顺的坡底频频向我招手。我终于成功地征服了又高又陡的中级雪道。训练结束的时间到了，我回头看了看我滑过的雪道，才恋恋不舍地和爸爸离开了雪场。

烟雨游栖霞

孙绘雯

137

　　秋风吹来了企盼秋游已久的同学们，一条条红领巾朝着栖霞山跑去。

　　空中飘着蒙蒙细雨，山间道路上盛开着一朵朵鲜艳的"伞花"。照相机前，同学们露出了经过长达一小时车程后的第一个笑脸。

　　小路绵延至山顶，天空中的小雨时下时停，枫叶半绿半红，甚是可爱。有的同学停下脚步，拍照留念，还有的同学摘下一片枫叶，回家后准备做书签。被枫叶环绕着的是清朝乾隆年间兴建的明镜湖，湖中的湖心亭小巧典雅，与岸相连的九曲桥如人生的道路一般迂回婉转。湖心有观音菩萨的雕像，近观真是一处好风景。

　　栖霞寺三面环山，古树在一旁悠闲地生长，来往的香客络绎不绝。旁边的小亭里，走累的同学们在那儿歇息，吃点儿点心，以便过一会儿向山顶进发。

迂回的小路通向两边，我们一行五人见右边的小路人少安静，景色也不错，便选择从右侧上山。一路上坡很陡，我们一边走一边停，路上遇着了几只可爱的野猫，便有同学拿起手机拍下它们可爱的模样。爬到半山腰路开始平缓了，路边上有一座"桃花山亭"，我们决定在那儿歇脚，顺便把午饭也吃了。闲暇之余，同伴拿出手机放好听的歌曲，悠扬的歌声弥漫着整个小亭，我们五人慢慢地将刚才爬山的劳累给忘却了。

整顿好背包，我们继续上路。我们发现有一条栈道直达山顶，便一鼓作气爬上山顶。路上不时有蝴蝶漫舞，不知名的野花娇鲜可爱。山顶的风景甚为壮美，绵延的群山，红绿相间的树林如画卷一般美丽，惹得我们五人纷纷拍照留念。后来因为怕迷路，便没有再去别的景点游览。

烟雨笼罩着，我们告别栖霞山，告别山中客，踏上了归途，但愿那枫叶全红时，秋风能捎一片送给我。

这就是成长

周　旭

七年前，当那个懵懂又期盼的我踏进那间教室时，并不知道那段残忍又幸福的岁月，在等待着……

书法是我幼年时期在妈妈刻意"栽培"下诞生的梦想。于是，七岁那年，我被送进了一间处处墨香洋溢的教室。但不幸的是，从新奇喜爱到无聊厌乏，我只用了不到两个月的时间。从此，我过上了每天为逃避练习与妈妈"斗智斗勇"的生活。

在书法这件事上，一向宽容的妈妈立场坚定得难以想象。当我第一次提出放弃时，温和的妈妈差点儿当场掀桌子。然而，我的决心也是难以撼动的，为了逃避书法课，我费尽毕生才华找理由，可每次又都被拆穿，最终无奈地去上课。最令我难以忍受的是妈妈严苛的管理，为了使我多一点儿时间练字，她规定我必须在晚饭前完成作业，饭后就是难熬的习字时间。我被迫提起似乎有千斤重的毛笔，度过漫长的时间。于是，我和妈妈之间似乎只剩下争执，每每在面红耳赤地争论后，在黑暗中委屈、无奈地含着泪水沉沉睡去。那时的我不明白，为什么要被迫坚持不喜欢的东西，为什么妈妈如此不近人情。

偶然的机会，临近期末，一个无聊的夏日黄昏，压力逼得我喘不过气来，突然看到墙角的毛笔，那就写一张吧。提起笔，在纸上落下一片墨香——终于明白何为墨香——我似乎终于懂得书法的真谛。在那个光线昏暗的傍晚，在忘乎所以，随性写下的字里行间，书法的灵魂就那样出现了。忽然想起，妈妈或许也在黑夜中啜泣，为我的任性、偏执落泪。她又何尝不知道我的心意呢？只是她明白，成长中最大的过错是错过，她不想让我错过一次成长的机会，一个人一生能坚持一样东西是那么可贵又难得，但我却不懂她的心意。

恍然明白，这些年妈妈想让我坚持的，不是书法，而是成长的酸楚与快乐。我不由得又湿了眼眶，这次是为了那伴随疼痛的喜悦。或许，这，就是成长。

爱不寻常

郑小伟

从小到大，妈妈在我面前都更像个孩子，略带恼怒地抱怨着生活的重担和无法实现的梦想。其实我知道，编织这座牢笼的，是她对我不同寻常的爱。

妈妈说，她最大的梦想是周游世界，在一个最美丽的小镇住下来，过不食人间烟火的生活。每当她满脸憧憬地仰望天空时，我总是嘲笑她文青病又犯了。妈妈白我一眼，数落起我的不贴心，"小棉袄"的温暖都跑光了，我总是不以为然。

前段时间妈妈收拾屋子，竟从一个柜子的夹角处翻出一张泛黄的地图。看着这张地图，妈妈静坐了很久，最后小心地叠好带走了。几天后，我意外地在她笔记本里发现了这张地图，出于好奇，我打开了它，却无意中发现了一个珍藏其中美好的梦。一张不大的地图，用金色的荧光笔圈画出了多个国家，旁边密密麻麻写满了少女的期盼，什么时候去，停留几天，参观哪些地方，连纪念品也构想好了。那金色的字迹，因为雀跃而有些潦草，但妈妈曾经的梦想，却依然金光闪闪，戳中我心底最柔软的地方。这张地图，本应该在法国、意大利、土耳其、加拿大……捏在手中，被各地风景晕染。可现在，它却在柜子的夹角处暗无天日地封存了十几年，被夹在记事本里，遗憾地当作遥不可及的梦收藏。这样的落差，只是隔了一个我。我出生后，妈妈便从少女变成了母亲，也失去了任性的权利。这样一份夹在地图里的爱，不同寻常地深沉，从不轻易流露。

三十九岁生日时，妈妈怅然时光流逝，并念叨不过四十岁生日了。我本想取笑她的小幼稚，一抬头却捕捉到她眼里的一抹惆怅。是啊，妈妈已不再年轻，当初装着全世界的无畏之心，现在却因为我变得不再一往直前。我郑重地送给妈妈一份新的地图，并向她宣布：以后可以做自己想做的事，我已经长大了，不用替我操心。妈妈的眼神在烛光的映衬下格外温柔，她说，这是她收到的最好的礼物——之一。我不服气，问她还有什么。"二十六岁那年，我拥有了生命中最重要的小天使啊。"妈妈的话轻轻地，像雾气，笼罩在我周围。我看看她微微泛红的眼眶，泪眼蒙眬，心里却填满了爱，忍不住，笑出了声。

妈妈时常抱怨自己的梦想都磨灭在这平凡的日子里了，但这抱怨的背后又何尝不是一份不寻常的爱呢。妈妈，我懂你的爱。

繁花岁月

梁　丹

现在的时间太快了，街上满是行色匆匆的人，紧张、忙碌，却又不知前路。偶尔从忙乱的漩流中仰看灰蒙蒙的天空，我愈发怀念那段一树繁花的旧时光。

那片山楂林

儿时住在爷爷奶奶家，推开大门，就是一棵合欢树，它不是我至今见过的最大的树，却是最苍劲的，蟠龙般曲曲直直向上延伸。那是一种历尽岁月磨砺的美，是南京街边那些悉心呵护下成长的梧桐无法相比的。更美的，是合欢花，粉红的，缤纷绚丽，好似一团火焰，密密麻麻烧红了半边天空。

我喜欢这种梦幻的美，坐在树下玩耍，连空气也是甜蜜美妙的。我时常在树下发呆，仰着脸注视着一树繁花，什么也不做，就可以度过一个宁静的下午。阳光洒在花瓣上，金闪闪的，澄澈的天空作为背景，这是我看过最美的油画。在树下，我总能感到闲适的愉悦，心灵是放松的，满树繁花像是我的守护神，用它巨大的树冠，为我遮住了所有风雨。

每当我在树下静静打发漫长午后时，总有几个人，老人，中年人，也有学生——驻足望着我，眼里满是羡慕与怀念。现在我总算渐渐懂得那眼神的含义了，他们是在思念那段自己的美好岁月，那段可以在合欢树下发呆一下午的岁月——他们的童年。但一切已回不去了，有一条信念已深深印入他们的脑海，将他们卷入永不停息的机器中，那信念就是生存。

搬家后，我挥手作别自己的繁花岁月，开始了新的生活。我紧张、焦虑，无暇想起曾经的一树繁花。前段时间，那里要拆迁了，树也会被移栽或砍掉。我抽空回去看看，本是心血来潮，但一进门，一种熟悉的感觉便包围了我。那棵合欢树，仍旧在那里，粉红的花在呼唤我。它知道我曾经的一切，苦恼和欢笑，伤心和雀跃，它深沉地包容着我，无论何时它都能让我安心。但我就要失去它了，为了生存。我又想起路边那伫立的眼神，那段生活将永远离我远去。

从前的日子过得很慢，车、马、信件都慢。太阳一点点升起，又一点点落下；花一朵朵地开，一瓣瓣地落下。凡是自然的东西，都是缓慢的。那一段繁花岁月，才是真正的生活。

无 言 的 情

刘力瑞

远亲不如近邻，一墙之隔，却有深深的情谊……

自打我搬进我所住的小区，爸爸的车就停在楼下升降式的车库里，虽然这样车库能够节省空间，可毕竟每次到车库按下按钮后都要等五分钟，车才会降下来，很是费时，直到那天……

有一次，我突然发现我们家车旁边多了一辆新车，看来是刚搬来的邻居家的车。

爸爸说："这个车位降下来要这么久，真烦人。"那位邻居看了看我们，笑着说："是啊，我也正烦呢。"

第二天，爸爸开车送我去上学，来到车库，我们都感到奇怪，昨天我们回来的时候明明将车升上去了，它自己怎么又降下来了？可能是谁无心按错了按钮吧，反正省事了。

但更奇怪的是，接连一周我去上学时，车都是降下来的，这使我好奇心更重了。过了一个月，每天都是如此，难道是升降机自己降下来的吗？这不可能。

我准备去一探究竟。

清晨六点钟，我悄悄地走向车库，这时爸爸的车还没有降下来，这使我更加好奇了。过了十分钟，一个熟悉的身影走了过来，他穿着暗灰色的上衣和一条旧旧的牛仔裤，手上还提着深棕色的公文包，那不正是新搬来的邻居嘛！他坐进自己的车，将车开出来，可刚开出来就停了下来，车门开了，他习惯地走下车，熟练地按了一下按钮，将爸爸的车降了下来。顿时，一股暖流流经我的全身，这个默默无言的举动深深打动了我，我甚至第一次感受到了陌生人带来的温暖。

下午我放学回家，爸爸将车停好后，我便按下按钮，将邻居的车位降下来，让它等候邻居下班回来。

就这样，邻居和我每天都默默地按下那按钮。每当相遇，只是相视一笑，默默无言，却心知肚明……

故乡的船

田修华

在老家，有两条小船。一条在门前的小河里，一条在我家屋后鱼塘里。小河里的船大些，我们只有在捞水草时才会使用；而用来打理鱼塘的小船非常轻盈、灵活，它是我的天堂。

记得小时候，每次回老家，我必会缠着大人们划船。大多数时候，爸爸会放下手中的活，挑两个竹竿，带我上船，在鱼塘里漫游。

起初，我不知道怎么划船，又没有力气用竹竿撑船，往往手忙脚乱。常常十多分钟过去了，船仍在原地打转。眼看着船不往前走，我急得直喘气。这时，爸爸便拿起自己的竹竿，让我不要动，不慌不忙地左一下右一下划起来。感觉没一会儿，船已经绕了鱼塘一圈。

有一次我们正在享受着泛舟鱼塘宁静的气氛时，一条鱼突然从水中蹿起，跳落到船上。它或许是过于陶醉抑或是受到惊吓，只见那鱼全身上下一片银白，在船上乱蹦，我好不容易抓住它，往水里轻轻一丢，它在水里一个扭身，瞬间钻入水下，消失在水中。

看到划船如此有趣，我便缠着爸爸教划船的技巧。爸爸将船划到鱼塘中央，告诉我，划船不能只在一侧划，否则会在原地打圈。需要左右轮流划，这样船才能往前走。我照做了。同时体会到了转弯的技巧：往一个方向转弯就得在另一边划。

起初我不是特别熟练，总是会贴着鱼塘边划船，又时不时会撞到岸边，还会压到插在池塘里的竹竿。但这没关系，我不在乎自己的划船技术。我很享受周围水乡宁静的环境，在喧嚣都市里察觉不到这样的寂静之声。在这里可以听见柿子落入水中的扑通声，呼吸着带着青草叶香味的新鲜空气。随着船的飘动，倒映在水中的树忽隐忽现。水面上常有不知名的昆虫停在上面，有时蜻蜓在水面上四处飞舞，还可以看着西边的火烧云……

当我陶醉在其中时，却因天色已晚，不得不被大人们叫回去。

随着年龄的增长，兴趣也慢慢发生变化，加上学业渐渐繁多，与划船接触的时间越来越少。但童年的划船经历，却是我心中最美的回忆。

小　胖

邵志豪

非常神奇，在人生的每一个阶段，总会遇到一位小胖。他们要么是最聪明的，要么是最调皮的。可是，小学高年级阶段的这位，似乎哪种都不属于。

他不高，算不上好看。一米五多的个子，全身似乎都是脂肪。他的头便由此显得大得惊人。一双敏锐的小眼，不知道那一直在聚焦什么，底下是一只宽厚的大鼻子和总是笑着的嘴。

他的思考方式和别人似乎不同。问他问题，他总会回答两遍，第一遍十分响亮，第二遍则弱下去很多，似乎在思考自己刚才说的话。他也喜欢逗别人，学我们叫别人外号，换来的是一阵大笑。

但是却总有人欺负他。有时给他钱让他去买东西，有时让他给自己拿东西，有时甚至拳脚相加，只欺负他不还手不还口。我们一群人在边上看着，似乎也只是看个笑话。

前几天体育课，学习投篮。十来人在一座篮球架前投，十分混乱。十来个球同时飞上前去，早已不知我的球去哪儿了。

半分钟后，大家散开了许多。我才发现我的球仍在飞速向远方滚去。半分钟竟已滚了上百米远。我只好撒腿跑去，去追那可怜的球。

要知道，当时打篮球之前，我被另一个同学的球撞了一下，小腿疼得很，跑了没多远，便跑不动了。

这时小胖来了，他用很怪的腔调说："你球飞啦。"然后就立马向球的方向跑去。从背后的角度看，他似乎不是那么胖了，两条腿是如此轻盈，以至于一小会儿，他就抱着球回来了。

他还是那傻傻的表情，可是却多了许多可爱的模样。他满头大汗，脸上笑着，把球递给了我，我心潮澎湃地接过了球。

我突然有种想拥抱他的冲动，可是又不好意思。他如此地傻，却有一颗珍贵的、善良的心。他能真诚地、拼尽全力地帮助别人，尽管那人以前并没对他好过。或许，我应该好好向他学习。

"谢谢你"我向他说道，接着又在心里补上了半句"可爱的小胖"。

学号三十三

147

姜宇翔

我独自在教室里漫游着。时值3月，窗外鸟语花香，春意盎然。教室里整整齐齐排放着的桌椅，在阳光的照耀下，分外可爱。可令人感到奇怪的是，竟有一对桌椅单独排放在教室的一角，似乎自成一列，上面铺着厚厚一层灰尘。这张桌子是谁的？怎么会这样摆放？我疑惑地走近，直到看到了桌边的姓名贴，才猛然忆起了他，这个曾经的伙伴，这个已经被遗忘的人。

他叫唐英还，学号三十三。

2016年的初春，正是大家开始熟络起来的时候。没有了五年级上学期的那份拘谨，同学间的关系越来越好了。每天下课，教室里少不了哄闹，少不了欢声笑语，大家组成各自的小团体，玩得不亦乐乎。可他，却总是被遗忘在外。不知道为什么，没人陪他玩。他只好搬搬花花草草，给他们浇浇水，干好老师布置的工作。当他看到一个个嫩绿的小芽长出来的时候，没人知道他心里是怎么想的。是无奈，还是苦涩？

夏天，一个忙碌的季节。窗外骄阳似火，一棵棵大树疯长着，班里的气氛也正如外面的那样焦热。临近期末考试了，无数的卷子压下来，压下来，使大家没有喘息的机会。可他，却丝毫没有紧张的意思。面带平淡的表情，他在走廊里来来回回。他在想什么？难道他已经决定了离开？

时光匆匆，来到秋天。漫长的暑假过去，他的声音变了，变得有些沙哑。他开始拥有了朋友，但不多，也没有知心的那种。那一天，当他告诉我们他即将离开时，同学们间引起了很大一场风波，可他脸上仍旧是那种平淡无奇。校园里，秋风萧瑟，金黄的树叶铺满了道路。正如这些树叶的命运一样，不久之后，他即将离开的这件事也将被我们遗忘。

冬天来了，五年级下学期的期末考试结束了，他也就这样走了。没有人在他离开的那一天和他道别，却都在谈论着游戏。也许带着一点儿不舍，也许带着一点儿遗憾，他，迈出了这个校园的门槛，再也没回来过。我看着眼前的座位，拿起抹布擦拭干净。我会记住你的，你的学号，三十三。

谢谢你陪我走过

江 飞

天空灰蒙蒙的，杂乱无章的雨滴从空中落下，砸到地上，溅起，再落下，形成了一段有序的节奏。"嗒嗒""嗒嗒"，听起来像是在为我的书包送别。我站在避雨的楼道口内，望着外面逐渐被雨打湿的书包。它旧了，不耐用了，正好在我快到家时肩带断了，于是就掉在了雨中。我久久地凝视着它，原本以为只是要换个书包而已，可猛然发现，我将要送走的，竟是我的七年光阴。

还记得在上小学之前，当我到文具店里的时候，一眼就看中了它。不知道为什么，那个时候本应被花里胡哨卡通人物吸引的我，却选择了这个，这个用几笔简单线条勾勒出米奇轮廓的书包。也许是看中了它的实用性，也许只是个巧合，更多的也许是感受到了它那股隐隐的倔强。

我第一次背上它，是在上小学的第一天。那一天，我不舍地和父母告别，独自迈入小学的大门，来到完全陌生的班级。四周的许多同学都在大声哭着，哭着要去找妈妈。但我没有，不知是哪来的勇气。我倚靠在书包上，感到一种前所未有的安全感，也许正是它给了我勇气。这书包便成了我的靠山。

从这天以后，我每天上学放学，都少不了它的陪伴。当我每天蹦跳着去上学的时候，它一定感受到了我的快乐；当我放学傍晚回家，嘴里咀嚼着糖时，它一定也感受到了甜滋滋的幸福。它总是任劳任怨，不管我是将大量的书本塞了进去，还是将心爱的玩具小心翼翼地藏在里面，它都会认真地保管。我们俩成了相互信任的朋友。它带着我的梦想，扬帆起航。

那一天，当我的同学一不小心将墨水洒在了它身上时，我不知道发了多大的火气。当我好好地检查着书包上的污渍时，才猛然发现，它已经失去了当年的风采。原本身上鲜艳的天蓝色，已经被灰尘覆盖得看不出痕迹；铁质的拉链，竟有些生锈的模样。就像是一名中年妇女，被生活打磨得不修边幅。我回家将它好好地洗干净了，灰尘和污渍都没了，色彩却还是那样黯淡。我在心里告诉自己，从前是它保护我，现在我要呵护它。这一年，我四年级。

可我终归没有保护好它。就在今天，它的肩带断了，再也不能使用了。我将要把它收起，带着我奋斗的四年级，带着小学的前半部分，收好。从今天起，一切重新开始。

黑 米 糕

潘靖宜

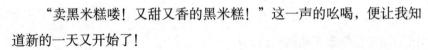

"卖黑米糕喽！又甜又香的黑米糕！"这一声的吆喝，便让我知道新的一天又开始了！

卖糕的是一个高个子阿姨，看上去十分和蔼。每天早上，她总会在六点半时推着有锅、糯米和各种材料的车子走过来，到小区门口停下开始做糕。她的黑米糕，总是现做的，而且每次只做一锅，卖完才会接着做。而她的小车前，总是排了很长的一列，那都是慕名前来的买黑米糕的人。

黑米糕在我脑海里有些抹不去的记忆。每天早晨，还带着迷迷糊糊的睡意时，外婆就会牵着我的手，去门口买黑米糕。等到了那被白烟雾环绕的车前，我才完全清醒，把脸凑在一块块黑亮亮的糕前，使劲儿地吸鼻子，好像想把所有的香味都吸进来。阿姨麻利地用袋子装了五块糕，还要笑着放几块糖在我手上。这便让我得到了极大的满足，所以一整天也就乐呵呵的了。

黑米糕，是我童年的快乐，也是小时候心中那股快乐泉水的源头。

后来上了小学，离家很远，就在学校旁租了房子。从此，没有了黑米糕的陪伴，外公外婆也因身体原因回了老家。后来，那边的房子也卖了，我也因为功课繁重不再往那个地方去，而那曾经十分深刻的味道竟也淡去了。

一次偶然的机会，我又吃到了那熟悉的味道。

外婆要来南京住一段时间，周末便一起开车在南京城转转。不经意间，我们沿着老路又回到了那个熟悉的地方。路还是一样的窄，但似乎翻新了一下，以前的小摊都不见了，唯有一处与这条街不相映衬——小区前的那卖黑米糕的小车！还是那个高高的阿姨，和麻利地为客人们拿黑米糕的动作。央求着老妈把车停下后，我和外婆又牵着手向小车走去。依旧是白烟缭绕，只是烟后那个面孔似乎老了一些，眼角也多了些皱纹。我正疑惑，扭头去看外婆，却发现她脸上的皱纹也变得多了起来，身高像是缩了水，与我平齐了。岁月让我长大，逐渐成熟，而外婆却不再是那个充满活力的人了。当再一次尝到了那黑米糕，并看到了外婆那有些蹒跚的步伐，我这才意识到，从前的那些人，那些物都不同了。

当阳光铺洒在那阿姨和小车上时，我深深地注视着她们，因为不知何时还能再相见！

酒 伤

唐 琪

虽说已是阳春三月，可是终不敌春寒料峭。一阵冷风从窗户的缝隙中钻了进来，使我不禁打了一个哆嗦。细雨挂在柳梢头，空气中除了清爽的青草香，还隐约透着一股淡淡的酒香。

今天恰好是清明前夕，爸爸和我便提着黄表纸，捧着菊花去看望爷爷。每次去都是带一壶陈酿，三年来，这个习惯竟未曾变过。

雨静静地从空中点洒下来，打湿了菊花的花瓣，也打湿了我俩的衣裳。轻烟在空中徐徐上升，却闻不到烧后的焦味，三年前墓道旁还是一排排小树苗，可是三年后，就变成了一人多高的绿荫。这三年唯一没有变的，只是那缕不浓不淡的酒香。

他面带笑意，轻轻地向我走来，带来了一股香甜的糯米味。这是微熟的酒所特有的香气。他用宽大的手掌轻抚过我的脸颊，迷人的香气让我仿佛回到了过去。

小的时候，每逢家庭聚会，他总会搬出一坛自酿的酒吆喝着让大家品尝，每当大伙儿高兴地问他秘方的时候，他总会一遍又一遍地回答，高兴得不亦乐乎，两颊红红的，跟饮了酒似的。

苏南人极其擅长用糯米酿酒，在不同时节酿的不同浓度的酒也有着不同的叫法。早春梨花开时下酒药，在谷雨时拿出来喝的酒叫作梨花酿。放置三年后，便可以称为梨花陈酿。此酒最适合于招待亲友，爷爷也最擅长酿这种酒。

他总是先穿上一件素色长衫，将袖子高高的挽起，双手从酒药罐里拈出一把酒药来。灰白色的酒药（实际上是酵母菌），随着双手的搅拌均匀地附着在洁白的糯米上，糯米被搅得上了黏劲儿，黏在手上不愿脱落。每逢此时，爷爷总会把手指在旁边的清水盘中沾几下，于是那糯米便纷纷脱落了，掉在了酒坛里。

人生也是如那糯米，本光洁净白，但总不免沾染污秽。你越纠缠，越无法脱身，这时便要依借外力，最终由混沌变得清澈。

雨中我和爸爸静默着，好似一尊雕像，时间静止了，空气也凝固了，只闻到那一缕淡淡的酒香。我在墓前轻轻摆了一只酒杯，斟满了七分的酒，心中默念道："一壶浊酒尽余欢，今宵别梦寒。"

门

宋　婷

门，在我心中一直都很神奇！

那缕阳光不偏不倚刚好照在那袋核桃上，看着那薄如纸片的外壳，似乎脆弱极了，轻碰一下就会脱落。

于是试了一下，我发现那看"纸"的外壳十分坚硬，用力咬下，一阵酸疼，核桃却完好无损，怕是用显微镜也看不出来什么痕迹，淡棕色的核桃在金色的阳光下馋得我着急而又无可奈何。

突然想着外公的新闻应该看完了，便一溜烟儿钻进外公的房间，让他帮我剥核桃。外公便笑呵呵地，边骂着我馋猫边走了出来。只见他拿着核桃，也没多想，几步走到门边，把门打开来，用核桃比了比，调到合适角度，把核桃塞进去，"嘎嘣"一声，便碎成了四瓣。那凹凸不平的肉便完整地露了出来，深棕色的皮包着嫩白的肉，散发着诱人的香味。我高兴极了，又蹦又跳地，将核桃抢了过去。

我惊叹门怎么会有如此神奇的力量，外公继续夹核桃，我一边吃着，一边感激着门，不断有被夹碎的核桃送了过来，我吃得心满意足。望着外公认真的背影，我悄悄地将一块饱满的核桃肉递到外公的嘴边。

用门夹核桃固然方便，但是也有一定的危险。外公被我伸过来的核桃分了神，被门夹住了手，手指立刻变成了青紫色，指甲也掉了一半。我吓哭了，外公却只是皱了皱眉，进屋消毒包扎去了。

从此，我对门的敬意消失得一干二净，甚至有了些恨。因为看到门，便总是想到对外公的愧疚。

门

姜　馨

初来苏州园林，看着来往的游客，要么是急不可耐地想进去，要么是急不可耐地想出去。每个人的脚步都是快速的，迈过门坎便不做停留，忽略了这么不起眼又醒目的门。

门是拱形的，用一块块光滑的鹅卵石镶嵌起来。游人渐渐少了，眼前充满了白雾，不一会儿，又渐渐散去。太阳照射着鹅卵石，散发着圆润又富有光泽的光芒，一位少女身着轻纱罗裙，头发高高挽起，窈窕走来，没有推动门，只是提起裙摆，轻轻迈过门坎，缓缓离去。

空气中只留下一阵清风，韵味在心中漫开。

看着空荡的门渐渐又游人如织，才蓦然回过神来，刚才只是幻想罢了。回到小区，走到家门前，习惯性地拿出钥匙，插进钥匙孔，转动了两圈，"咔嗒"，门开了。进门，换鞋，把一把钥匙随手放在了玄关案上，刚走了没几步，回头又看到了那散布着大大小小、深深浅浅划痕的钥匙，想起曾试图用家门钥匙打开另外一扇门，可是没有成功。细细比较才发现，其实每一把钥匙都有自己的纹路，所以每一扇门也都是独自的个体，用不属于自己的钥匙无论如何也打不开。有时撬开了锁，才能把门打开，但是，那终究还是破坏了的。

现在上了六年级，学业繁忙起来，父母决定租一套房子，离学校近一些。那就看吧，中介介绍了四五套房子，说是小区环境好，没有杂乱的人，而且还特安全。到了屋前，不是刷卡开门，就是按密码锁，甚至还有声控的，一个比一个先进，让习惯用钥匙开门的父母有点儿应接不暇，我最后还是选了一个较为简单开锁的房子租了下来。

从只有门槛的拱门，到有钥匙插孔的门，最后是密码开锁的门，科技的进步十分快速，而致使这些现象发生并真正发明出来运用到生活中的背后却是人心的隔阂，原本单纯的一颗心变得复杂。打开心中的门，走进彼此的内心世界，感受彼此的温暖。

155

那片山楂林

门

吴　蔚

那是我记忆里的一扇门，一扇有历史的门。

在我很小的时候，外公外婆家的院门是一扇铁栏门。门的右边有一棵高大的樱桃树，像一个门神一样守护着。树下花坛里的藤蔓附在门上，开了花儿，甚是好看。

小时候，我总爱和表弟在树下玩游戏。春天采各种花儿，夏天喷水枪，秋天踩树叶，冬天堆雪人，打雪仗……那扇门一直安静地看着，仿佛微笑着，像一个不会说话不会动的伙伴陪着我们。

稍微长大些了，我和表弟都爱出去找其他小伙伴玩耍，我们坐在门前，总能清楚地看到谁正在跑来。从外面回来，在深巷里，我和表弟总能第一眼望见那扇铁门。我们坐在门前，望着它，吃着樱桃树上的大红樱桃，我们觉得那扇门就像温柔的母亲，呼唤我们回家。有她的地方，就是家。

后来，我和表弟都上了幼儿园，我们喜欢坐在门前讲述一天发生的趣事。晚饭后，我们总爱拉着外公给我们讲故事，从《白雪公主》到《嫦娥奔月》，再到四大名著里的精彩瞬间，我和表弟都百听不厌。微黄柔和的灯光下，我们咯咯地笑着，那扇门依然很安静，像是在倾听，又像是在分享我们的快乐。那扇门是个和蔼可亲的老人，那攀附的藤蔓，是他花白的胡须。

后来，因为外公家要重新装修，那扇门被换成了大铁门，那扇见证我们成长的锈迹斑斑的门被换走了，樱桃树也卖了。院子里盖上了新房子，我的童年，随着那扇门而去了。

现在，我和表弟像七年前那样坐在院子里，可再也不能透过门直接看到外面往来的人，再也没有藤蔓攀附在上面，再也没有一棵高大的樱桃树守护着，再也没有两个稚嫩的笑声在门前回荡着……这一切，都过去了。

那扇门见证了我们的成长，陪伴我们度过一个又一个春夏秋冬，那些年美好的回忆在我脑海里挥之不去……

门

李　煦

曾为少年，垂头微笑，眼眸似水，倚门看晨露微曦。可转瞬间，已是白发苍苍，皱纹刀刻脸上，门前赏落日红霞。

祖母十八岁出嫁，父母之命。被领到门前匆匆看了一眼，还没回过味来大门便闭上了。只记得门前笑得朴实的大男孩儿，便过了门。新婚的日子过得自在快活，常倚在那扇红木门上，丈夫的一枝丁香给别在发梢上，笑容比花还娇美。身后的红木门吱吱地响，岁月静好，不过如此。

日子一天天过得飞快，新媳妇成了干练的妇人，可以依靠的父母走了，需要照顾的子女们出生了。曾经的青涩全都敛起，为了生活的艰辛，她必须坚强、细心、无微不至。家里的日子开始难以维持出现在祖父被迫革职，那时祖父情绪很低落，没了赖以生存的工资，孩子们也开始饥一顿饱一顿。那段难熬的日子，祖母从未抱怨过，早晨桌上的早餐，中午田间的劳作，晚上灯下缝补的衣服，祖母曾经也是不知人间疾苦的大小姐呀。累了，便倚在木门上，看看夕阳，转身继续。

一天，祖父外出了，几个乡间恶霸前来讨要借款，其实约好的日期还有好几个月，但几个无赖却不讲道理，不但在门口叫骂，还开始撞门。门发出"砰砰"的响声，几个孩子吓得藏在床底下。祖母正在厨房，她盯着发颤的红木门，手微微地抖，眼神却无比坚定。她拿起手边的菜刀，走至门边，猛地打开，举起亮闪闪的菜刀一下子劈在木门上，神色平静地说："钱我会还的，到了日子一分不少地送过去。今天你们一个也别想踏进这道门，这是我的底线。"祖母的发丝在晚风中飘散着，挡住了被夕阳染红的脸庞，却挡不住她血红如红木的眼睛。身后的木门上留着一道长长的裂痕，深深地。我很难想象温文尔雅的祖母那时的悲壮，但身后的子女和远方的丈夫，以及那扇门，就是她心中拼尽生命也必须保护的家吧。

祖母快七十了，已是满头银丝，倚在红木门框上，给小孙女讲着以前的故事。夕阳将她的白发镀上一层浅浅的金红，身后的木门上有一道深深的刀痕，经过光阴的洗刷，和眼前的景象仿佛融为一体。祖父从园子里慢慢走过来，手里握着一株丁香，递给祖母，祖母低下头细细地嗅着，笑得仿佛那个未过门的姑娘。她的话不禁回响在我耳畔："丫头啊，进门就是家，门里的，不论如何，都是亲人呀。"在夕阳下，与亲人一同赏丁香，祖母的心，一定是快乐又满足的吧。

家就像那扇木门，兜兜转转，总留给你最深的牵绊。爱是那门上的刀痕，经年累月，方知刻骨。跨过光阴那道门，才不禁恍然，原来有种爱，早已融进了骨子里。每个与家人相聚的当下，都是生命中最美的花好月圆。千金，也不换。

特别的礼物

吕静雯

一天晚饭后，老爸突然把我叫过去，我有些不安，最近没犯错误呀！

我忐忑地进了里屋，只见老爸在摆弄一只箱子，箱子的外形是深绿色的，他按了几个键，箱子打开了，里面的东西不多，但都富有纪念意义。

接着，老爸拿出一个紫色的布袋子，里面有几颗微微泛黄的乳牙，其中有两颗还被蛀了洞，黑乎乎地。"这是你以前的乳牙，被我收藏了几颗"老爸笑了笑，"现在你换完了牙，我就把它们交给你吧！"

我不由得回忆起小学第一次拔牙的情景。一天，我突然感觉到门牙松动了，想自然掉，就没去管它。过几天，发现新牙已经冒出了尖，而乳牙还没有掉的迹象呢！老妈看了，说是不拔牙，恒牙会长歪。我一听说要拔牙，立刻吓得哭了起来。

然而，眼泪不能打动老妈。来到牙科医院，医生笑眯眯地听了老妈的叙述，便示意我躺下来。可在我眼里，医生的笑是恐怖的，冰冷的钳具是可恶的。我似乎感觉眼前出现许多鲜血，阵阵刺痛着我摇摇晃晃的牙。我不由得号啕大哭，医生说什么都不理。

我哭闹不止，医生没办法，只好答应给我打麻药。我重新躺下去，医生用一根针管刺进我的牙龈，我的嘴一阵发麻，医生迅速把钳子伸进我的嘴里，拔掉门牙。这个过程在瞬间就完成了，一点儿都不痛，我开开心心地回了家。可是很快药效消失了，我便感觉到了疼痛，一直到第二天才好。自此以后，我开始痛恨拔牙了。

自那以后又陆续掉了多颗牙齿，但十有八九是拔掉的。虽然疼，但拔完后心情总是大好，因为嘴里没有了摇摇晃晃的东西，好舒服，可以大快朵颐地吃饭了。疼和乐连接在一起，让我经历一次，成长一回。

看着这几颗牙，就像在回顾我的成长经历，从一个稚气的啥都不懂的小屁孩儿变成一个青少年。这几颗牙，就是最好的见证。

春天是一位魔术师

李雅晴

生活或许是困苦的，艰涩的，但只要你静下心，你就会察觉到生活的美，就会品尝到生活的味道……

那个清凉午后，村里"空无一人"，天地间一派安静，只有鸟儿在树枝上唱歌，勤劳的蜜蜂嗡嗡地闹着。我独自坐在窗旁，透过"隐形"的玻璃看着这美景，不由得感叹大自然的创造力，于是，我决定在这个暮春时节，来一场踏春之旅。

我顶着凉风走进了小树林，那儿的树是那样高大挺拔，郁郁葱葱，其中几棵槐树散发着诱人的香，隔几百米就能嗅到它那迷人的芬芳。

这时，风儿从我身边悄然飞过，带动着槐花飘落在地，如同下了槐花雨一般，花瓣飘飘洒洒，洁白浑圆如同珍珠。

蜂蜜被这芬芳吸引了，急忙集合伙伴们一起来这里跳舞，我急忙躲到树后面，观察起这情况：只见一大群蜜蜂围在那儿，大蜜蜂首领，有秩序地将每一位小蜜蜂分好了工，蜜蜂们勤快地干起了活儿。不一会儿，蜜蜂们就成群结队地回了家，我望着那满树的槐花，心想那花蜜肯定已经装到蜜蜂的行囊里了。

站在远处，眺望这片小树林，心中的感觉纷纷涌入。你看，那杏花与桃花的结合，构成了一幅美丽的水彩画，再加上小草的点缀，透着无限生机，真是愈看愈美。

渐渐地，太阳停在了半空，天边的晚霞染红了半边天。我如痴如醉，呆呆地望着那美丽的夕阳，直到它落下。

啊，春天！你是一位魔术师！你是一位造型师！你是我等待的知心好友！

我徜徉在大自然的怀抱里，品尝着她的甘露，嗅着她的芬芳……

特别的礼物

熊　驰

唉！无论我如何地拜上帝，拜佛主，语文还是只考了六十几分，因此我也"顺利"地从A班摔到了B班。恰好就在这个时候父亲送给

那片山楂林

我一份特殊的礼物———一盆仙人掌。

这盆仙人掌和其他的植物放在一起，那真是叫人难受，这一团刺球太"扎"人眼了。而我此时的心情正如这盆刺球一般，让人心烦意乱。我愤愤不平，这个刺球看着叫人不舒服，还容易扎手，凭什么让我来养。

起初，我会浇一些水，可是一天，两天，三天……渐渐地，我有点儿懒得管他了，只是偶尔会想起来看一眼。后来我索性就把他遗忘了，仿佛它就从未出现在我的世界里似的，任由他睡在时间的长河里，抵抗着风吹雨打。

突然有一天，爸爸向我询问："我送你的那盆仙人掌呢？"

"仙人掌？"我有点儿莫名其妙。

"对，就是那个你说看上去很丑的仙人掌。"爸爸平静地看着我说。

"噢，哎呀忘了，好长时间没给它浇水了，恐怕已经死了吧？"我遗憾地回答。

"死了？那可不一定哦。"爸爸的语气有点儿坚定。

我带爸爸到阳台那儿，打开窗户一看，映入眼帘的仙人球让我大吃一惊，吃惊于它并未因为缺少长期的浇水照应而枯萎死去，反而是变得比以前更加魁梧、高大。在烈日的照射下，这盆仙人球显得是格外挺拔、格外耀眼，它那浑身长满的针刺，根根直立，就像是一位英勇无比的斗士迎接那毒辣的阳光发起的挑战。对，在我看来它就是一个顽强的斗士，为了生存无论环境是多么恶劣，它都选择坚持，我相信在不久的将来这盆仙人球一定会绽放她那无比璀璨的生命之花。

人生在世，难免会遇到许多的坎坷，经历数不清的失败，只要你有勇气去面对，坚持自己的信念，去克服这些困难，一定会铸就美丽的人生。

我感谢这份特殊的礼物，它让我变得更坚强。

特别的礼物

张　然

　　清晨，太阳光刚刚穿过窗户照射在我的床头，我便起来背诵演讲稿，因为今天中午是我的生日宴会，要上台演讲，我的心中既激动又紧张。

　　忙碌了一上午，太阳总算爬到了正上空。欢快的音乐充满了整个大厅，爸爸站在一旁神秘地笑着，并告诉我："今天在你演讲时，我会给你送上一份你绝对想不到的礼物。"我好奇地坐在一旁，焦急地等待着那一刻的到来。

　　终于，主持人说出了"请小寿星上台致辞"这几句话，我能感觉到我的心跳在一点儿一点儿地加快，手心里渗出了汗水，舞台另一边的爸爸，正用鼓励的眼神望着我，我稍稍镇定了一些。缓步走上舞台中央，我拿起话筒开始致辞，台下一双又一双的眼睛正盯着我，我的脸涨得通红。致辞过了一半后，音乐突然响了起来，大家的眼神都向我身后的大屏幕望去，我也放下话筒转身去看。只见屏幕上缓缓播出我从小到大的照片和视频，从第一次打喷嚏到会对着镜头微笑，从刚学会爬到可以跑着去拥抱爸爸妈妈，从钢琴新手到可以熟练地弹奏出一整首曲子……这段视频同时也记录了我这些年和家人的合照，只见我的个子一点点长高，父母却一点点变老了。泪水瞬间模糊了我的视线，顺着脸颊流了下来，我感到我在父亲的呵护下真正长大了。我哽咽着说完最后一段致辞，跑下台去。

不知不觉，太阳已经困倦地从天的东边滑到了天的西边，我问爸爸怎么会想起给我这样一份礼物，爸爸笑着对我说："只是为了记录生活中的点点滴滴，给长大后的你留作回忆罢了。小时候你还让我拍照，到了你现在这个年纪，已经越来越抗拒我给你拍照了。"

夜晚静静地降临了，我又大了一岁，是不是该懂得更多的道理了呢？我将永远记住这份特别的礼物，记住爸爸对我的爱！

春风徐徐来

付淑杰

164

说到春，我印象最深刻的就是朱自清先生的那句"盼望着，盼望着，东风来了，春天的脚步近了。一切都是刚睡醒的样子，欣欣然张开了眼。"此时看看外面的景象，春天已经悄无声息地来到了我们身旁。

走出家门，首先映入眼帘的是那棵历经风霜的大枣树。这棵大枣树是我小时候种下的，经历了这么多年的"磨炼"，它已经变得比以前更加粗壮了。凑近看，枣树的枝头上已长出了许多嫩绿的小芽，这些长出的小芽使得沧桑的枣树有了焕然一新的感觉。再往地上一看，呀，小草正往外钻呢！嫩黄的小草给大地穿上了一件新的衣裳。小草这坚韧不拔的精神感染着我，使我不禁对它产生了一种空前的敬意。

凉爽的清风向我迎面吹来，直吹到我的心头上，我心旷神怡地欣赏着大自然这无限的美景。印象最深刻的还是要属田里的小麦，小麦不怕风吹雨打，就这样缓缓地生长着。等长高一些时，它们就不断地向我们挥手，好像在说："农民伯伯，我们渴了，我们该喝水了。"这时勤劳的农民伯伯好像听到了召唤，他们来到田地里给小麦施肥，浇水。在肥水的滋润下，小麦焕发出勃勃的生机。瞧，他们正冲着农民伯伯笑呢！好像在跟农民伯伯保证：要用秋天的丰收回报你们。再往前走时，只见春天的吉祥物小燕子已经在天空中自由自在地飞翔了，它们小巧玲珑，姿态敏捷，一眨眼，就只能看到它们那像剪刀似的尾巴了。蓝天、白云、燕子，它们共同构成了一幅美得让人窒息的油画，这画五彩斑斓，直戳你心底最柔软的地方。

春风徐徐吹来，树木的嫩芽在萌发，小麦在向我们招手……

啊，原来这一切都是春天的脚步！

165

假如我有一匹马

陈欣妍

假如我有一匹马，一匹美丽俊逸的马，一匹具有魔力的马，那该多好哇！

我的马儿很酷：双眼炯炯有神，毛色雪白光亮，马足强健有力，更加与众不同的是，洁白的马背上还长着一双绚丽的大翅膀，起飞时，会有一道彩虹划过。我的马儿不仅美丽，而且有着高强的魔力，

那片山楂林

它雪白的细毛中，隐藏着无数快乐、幸福、自信……所以，我的马儿人见人爱，花见花开。可是，我要怎么来用它呢？

我要骑着马儿，飞上蓝天，俯瞰"派出昆仑五色流，一支黄浊贯中川"的九曲黄河；穿过云层，俯视"会当凌绝顶，一览众山小"的岱宗泰山；跃过雪山，体会"大漠孤烟直，长河落日圆"的青藏高原。我还要骑着它，飞到紫禁城上空，瞧瞧中国古代造型的艺术，赏赏冶炼建造艺术的结晶，看看能工巧匠精美绝伦的杰作……我还要骑着马走遍祖国的大江南北，欣赏祖国的璀璨文化。

我要骑着马儿飞上广阔无边的宇宙，和他一起遨游，一起幻想，一起歌唱。看看美丽的月球上有没有广寒宫，看看可爱的太阳上有没有太阳郎……嘿，马儿在宇宙中像找到了乐园，扇动宽大而绚丽的翅膀，飞翔在水莹莹的地球之上……

我骑着马儿寻找不幸的家庭，在夜深人静时，让马儿洒下幸福。第二天清晨，人们露出开心的笑脸。再找到那些忧郁的人们，让马儿洒下快乐，听他们的欢乐声响彻云霄，让自卑的人们充满自信，让狭隘的人们变得宽容……

166

假如我有一匹马，一匹美丽俊逸的马，一匹具有魔力的马，我还要用它做什么呢？